思想政治教育研究文库

——

新时代高校
思政课改革创新研究

房　正　著

光明日报出版社

图书在版编目（CIP）数据

新时代高校思政课改革创新研究 / 房正著 . -- 北京：
光明日报出版社，2024.11. -- ISBN 978 - 7 - 5194 - 8342
- 5

Ⅰ. G641

中国国家版本馆 CIP 数据核字第 2024ET0562 号

新时代高校思政课改革创新研究

XINSHIDAI GAOXIAO SIZHENGKE GAIGE CHUANGXIN YANJIU

著　　者：房　正	
责任编辑：李　晶	责任校对：郭玫君　李佳莹
封面设计：中联华文	责任印制：曹　诤

出版发行：光明日报出版社

地　　址：北京市西城区永安路 106 号，100050

电　　话：010-63169890（咨询），010-63131930（邮购）

传　　真：010-63131930

网　　址：http://book.gmw.cn

E - mail：gmrbcbs@gmw.cn

法律顾问：北京市兰台律师事务所龚柳方律师

印　　刷：三河市华东印刷有限公司

装　　订：三河市华东印刷有限公司

本书如有破损、缺页、装订错误，请与本社联系调换，电话：010-63131930

开　　本：170mm×240mm	
字　　数：205 千字	印　　张：16
版　　次：2025 年 7 月第 1 版	印　　次：2025 年 7 月第 1 次印刷
书　　号：ISBN 978 - 7 - 5194 - 8342 - 5	

定　　价：95.00 元

前　言

　　思政课是落实立德树人根本任务的关键课程。习近平总书记强调，"当前形势下，办好思政课，要放在世界百年未有之大变局、党和国家事业发展全局中来看待，要从坚持和发展中国特色社会主义、建设社会主义现代化强国、实现中华民族伟大复兴的高度来对待"①。党的十八大以来，以习近平同志为核心的党中央高度重视思政课建设，先后召开全国高校思想政治工作会议、全国教育大会、学校思想政治理论课教师座谈会、新时代学校思政课建设推进会等一系列重要会议，印发《关于深化新时代学校思想政治理论课改革创新的若干意见》《关于加强新时代马克思主义学院建设的意见》等一系列重要文件，把思政课建设作为党领导教育工作的重中之重。习近平总书记多次发表重要讲话，做出重要指示批示，明确了思政课建设的指导思想、根本要求、核心内容和关键环节，为思政课改革创新发展指明了方向，提供了根本遵循。经过新时代十余年的发

---

① 习近平. 思政课是落实立德树人根本任务的关键课程 [J]. 求是，2020（17）：7.

展，高校思政课建设取得了良好成效：各级各类学校社会主义办学方向更加鲜明，思政课教师乐教善教、潜心育人的信心底气更足，广大青少年学生"四个自信"明显增强，精神面貌奋发昂扬，思政课发展环境和整体生态发生全局性、根本性转变。①

改革创新是时代精神，思政课建设要向改革创新要活力。新时代高校思政课建设继承了以往开展理论、历史与实践教育的核心逻辑，继承了以往以课堂讲授为主渠道的形式，继承了以往加强教师队伍建设的重要抓手，但同时也大胆改革创新。在课程体系和教材体系建设方面，全力打造以习近平新时代中国特色社会主义思想为核心的课程体系。从2022年秋季学期起，全国高校全面单独开设"习近平新时代中国特色社会主义思想概论"课，推动习近平新时代中国特色社会主义思想有机融入高校专业课程；印发《习近平新时代中国特色社会主义思想进课程教材指南》，编写《习近平新时代中国特色社会主义思想概论》教材，编写各学段《习近平新时代中国特色社会主义思想学生读本》并于2021年秋季学期推广使用。在教学内容与教学方法设计方面，组织编写了各门必修课程的统一课件发放全国各高校，组织教育部高校思政课教学指导委员会专家对《习近平新时代中国特色社会主义思想概论》逐章进行内容逻辑与重难点问题解析，及时组织开展党的创新理论重要成果融入思政课教学研究和成果公开；创新课堂教学形式，推广了案例式教学、探究式教学、体验式教学、互动式教学、专题式教学、分众式教学等一

① 习近平对学校思政课建设作出重要指示强调　不断开创新时代思政教育新局面努力培养更多让党放心爱国奉献担当民族复兴重任的时代新人［N］. 人民日报，2024-05-12（1）.

批行之有效的教学方法。项目与平台建设与管理方面，在国家社科基金和教育部人文社科研究项目中均单列思政课专项，支持思政课教师围绕教学开展研究；在全国开展了高校示范马克思主义学院创建、优秀教学科研团队建设、"一省一策思政课"集体行动、习近平新时代中国特色社会主义思想大学习领航计划、全国高校思政课教学展示活动等，设立了高校思政课教师研修基地、"手拉手"集体备课中心、名师工作室、教学创新中心、虚拟仿真体验教学中心等项目（基地）；建立了全国高校思政课教师集体备课平台，以及全国高校思政课教师信息库、"周末理论大讲堂"、青梨派等网络信息平台。

面向"第二个百年"新征程，思政课建设面临新形势新任务，必须有新气象新作为。要坚持以习近平新时代中国特色社会主义思想为指导，全面贯彻党的教育方针，落实立德树人根本任务，坚持思政课建设与党的创新理论武装同步推进，构建以习近平新时代中国特色社会主义思想为核心内容的课程教材体系，深入推进大中小学思想政治教育一体化建设。要始终坚持马克思主义指导地位，以中国特色社会主义取得的举世瞩目成就为内容支撑，以中华优秀传统文化、革命文化和社会主义先进文化为力量根基，把道理讲深讲透讲活，守正创新推动思政课建设内涵式发展，不断提高思政课的针对性和吸引力。着力建设一支政治强、情怀深、思维新、视野广、自律严、人格正的思政课教师队伍，不断提升思政课教师的政治素养、理论素养和教学能力，为思政课改革创新提供重要保障。

目 录
CONTENTS

第一章

指导思想不断发展
引领高校思政课改革创新

　　指导思想是行动指南，是事业朝着正确方向发展的根本保证。教育方针是党的指导思想在教育领域的具体体现，思政课的每一步发展都离不开党的教育方针指导。例如，新中国成立初期的思政课，就主要是按照《中国人民政治协商会议共同纲领》（简称《共同纲领》）规定的指导原则来建设的。《共同纲领》规定，"中华人民共和国的文化教育为新民主主义的，即民族的、科学的、大众的文化教育。人民政府的文化教育工作，应以提高人民文化水平、培养国家建设人才、肃清封建的、买办的、法西斯主义的思想，发展为人民服务的思想为主要任务"①。当时的教育部门负责同志也鲜明指出，"我们要感谢毛泽东主席，他对我们早就指出了新民主主义教育的方向，并且在他的指导下，在老解放区，对中国新教育的建设已经积蓄了一定的经验。这明显地表现在我们的'共同纲领'关于文化教育政策部分。它规定了新民主主义教育的性质、任务、国民道

---

① 中国人民政治协商会议共同纲领［M］//中华人民共和国学校思想政治理论课重要文献选编. 北京：人民出版社，2022：1.

德标准、教育方法以及教育改造过程的步骤和重点。我们真高兴，我们在开始工作之初，就能有如此明确的方针来作为我们的指针"①。"这种新教育是民族的、科学的、大众的教育，其方法是理论与实际一致，其目的是为人民服务，首先为工农兵服务，为当前的革命斗争与建设服务。"② 随着社会主义改造的基本完成，1957 年年底，全国高校开始设立社会主义教育课程，面向所有学生开展社会主义教育，固定以毛泽东的《关于正确处理人民内部矛盾的问题》为中心教材，要求能够达到改造思想、提高社会主义觉悟的目的，用工人阶级思想批判资产阶级思想、小资产阶级思想，用马列主义的立场、观点、方法克服非马列主义的立场、观点、方法。③

第一节　邓小平思想政治教育理论为高校思政课建设奠定基础

　　邓小平思想政治教育理论是邓小平理论的重要组成部分，是 20 世纪 80 年代以后高校思想政治理论课建设的根本指导思想，为高校思想政治理论课建设奠定了重要基础。邓小平思想政治教育理论具有鲜明的时代特色，体现了对当时世界经济、政治格局的变化及其

---

① 马叙伦同志在第一次全国教育工作会议上的开幕词 ［M］//中华人民共和国学校思想政治理论课重要文献选编．北京：人民出版社，2022：4.

② 钱俊瑞同志在第一次全国教育工作会议上的总结报告要点 ［M］//中华人民共和国学校思想政治理论课重要文献选编．北京：人民出版社，2022：8.

③ 中华人民共和国高等教育部、教育部关于在全国高等学校开设社会主义教育课程的指示 ［M］//教育部社会科学司．普通高校思想政治理论课文献选编（1949—2008）．北京：中国人民大学出版社，2008：31.

特点的正确判断和准确把握。针对当时东西方阵营对立的国际局势，邓小平同志提出"和平和发展是当代世界的两大问题"①，并在十一届三中全会后果断提出把工作重心转移到经济建设上来，并做出了"科学技术是第一生产力"的新判断。在这样的局势判断下，邓小平同志对新时期思想政治教育工作和思政课建设提出了明确要求。

一、培养有社会主义觉悟的有文化的劳动者

1978 年 4 月，邓小平同志在全国教育工作会议上指出，我们的学校是为社会主义建设培养人才的地方，并强调人才培养的目标是成为有社会主义觉悟的有文化的劳动者。② 之后，他又提出"教育全国人民做到有理想、有道德、有文化、有纪律"的目标要求。③这就把人才培养的思想政治素质、道德品质素质、科学文化素质、劳动技能素质等进行了统一，进一步明确了学校思想政治教育的根本目标。

在这一思想指导下，1978 年教育部办公厅印发的《关于加强高等学校马列主义理论教育的意见》（简称《意见》），明确马列主义理论课的主要任务在于系统地对学生进行马克思主义三个组成部分的基本理论教育，武装学生的头脑。理论课教学的目的，就是培养学生"力求完整地而不是零碎地、准确地而不是随意地、实际地而不是空洞地把马克思列宁主义、毛泽东思想各个方面的基本原理掌

---

① 邓小平文选：第三卷［M］. 北京：人民出版社，1993：104.
② 邓小平文选：第二卷［M］. 北京：人民出版社，1994：103.
③ 邓小平文选：第三卷［M］. 北京：人民出版社，1993：110.

握起来"①，就是培养学生初步学会应用马克思列宁主义的精神与方法去分析问题与指导实践。围绕这一目标，《意见》对马克思列宁主义理论在高等学校的地位的认识问题、目标和任务问题、教材问题、教学方法问题、教师队伍问题、领导体制问题做出了明确规定，成为"文化大革命"结束后思想政治理论课快速恢复重建的重要依据。

二、永远把坚定正确的政治方向放在第一位

物质文明建设的快速发展，对精神文明的发展以及人自身的发展提出了新的挑战，更对思想政治教育提出了新的要求。邓小平同志敏锐感受到这一点，他指出，"我们一定要经常教育我们的人民，尤其是我们的青年，要有理想。为什么我们过去能在非常困难的情况下奋斗出来，战胜千难万险使革命胜利呢？就是因为我们有理想，有马克思主义信念，有共产主义信念"②。他强调"革命的理想，共产主义的品德，要从小开始培养"③，"要特别教育我们的下一代下两代，一定要树立共产主义的远大理想。一定不能让我们的青少年作资本主义腐朽思想的俘虏，那绝对不行"④，"我们希望从事教育工作的同志，各个有关部门的同志，整个社会的家家户户，都来关心青少年思想政治的进步"⑤。邓小平同志强调，"毫无疑问，学校

---

① 教育部办公厅关于加强高等学校马列主义理论教育的意见 [M] //中华人民共和国学校思想政治理论课重要文献选编. 北京：人民出版社，2022：472.
② 邓小平文选：第三卷 [M]. 北京：人民出版社，1993：110.
③ 邓小平文选：第二卷 [M]. 北京：人民出版社，1994：105.
④ 邓小平文选：第三卷 [M]. 北京：人民出版社，1993：111.
⑤ 邓小平文选：第二卷 [M]. 北京：人民出版社，1994：105.

应该永远把坚定正确的政治方向放在第一位。但这并不是说要把大量的课时用于思想政治教育。学生把坚定的政治方向放在第一位，这不仅不排斥学习科学文化，相反，政治觉悟越是高，为革命学习科学文化就应该越加自觉，越加刻苦"①。这不仅明确了思想政治素质在人才培养中的核心地位，更明确了政治性是思想政治理论课的首要属性，讲清楚了思想政治理论课与其他各门专业课之间的关系。

1982年10月，为贯彻落实党的十二大关于加强共产主义思想教育的精神和邓小平同志关于加强共产主义理想教育的重要思想，教育部印发《关于在高等学校逐步开设共产主义思想品德课的通知》，提出"有计划地进行共产主义思想品德教育，是实现高等学校培养目标的需要。为了培养学生成为有革命理想、讲革命道德、守革命纪律、有文化的又红又专的人材，有必要把共产主义思想品德课作为一门必修课，纳入教学计划。各高等学校可根据本校的实际情况，逐步开设这门课程"②。这也被看作思想政治理论课中开设思想品德课的起点。③

三、人才培养的关键在教师

教师担负着培养、教育人的重任，对学生成长成才起着关键性作用。邓小平同志一贯认为，学校办得好坏，学校的干部和教员起

---

① 邓小平文选：第二卷［M］．北京：人民出版社，1994：104．
② 教育部关于在高等学校逐步开设共产主义思想品德课程的通知［M］//教育部社会科学司．普通高校思想政治理论课文献选编（1949—2008）．北京：中国人民大学出版社，2008：92．
③ 顾海良．高校思想政治理论课程建设研究［M］．北京：经济科学出版社，2009：74．

很大的作用。① 1978 年 4 月，邓小平在全国教育工作会议上的讲话中指出，"一个学校能不能为社会主义建设培养合格的人才，培养德智体全面发展、有社会主义觉悟的有文化的劳动者，关键在教师"②。"文化大革命"结束后，邓小平同志旗帜鲜明地提出了"尊重知识、尊重人才"的口号，从思想上和政策上进行拨乱反正，恢复了人民教师的地位。他强调尊重教师、尊重教师的劳动，要求"各级党委和学校的党组织，应该热情地关心和帮助教师思想政治上的进步，帮助他们认真学习马克思列宁主义、毛泽东思想，使更多的人牢固地树立起无产阶级的共产主义的世界观"③。

针对当时高等学校理论课教师队伍"数量缺、水平低、任务重、后继乏人"④ 的状况，教育部办公厅印发《关于加强高等学校马列主义理论教育的意见》，专门制定了紧急措施：尽快恢复和补充教师人数；恢复马列主义理论课教研室（组）；迅速恢复中国人民大学，为高校培养理论课教师；提高理论课教师的水平。⑤

四、注重用历史教育青年学生

党的历史中有领导正确和取得胜利的经验，也有遭受挫折和受

① 中共中央文献研究室 . 邓小平同志论教育［M］. 北京：人民教育出版社，1990：3.
② 邓小平文选：第二卷［M］. 北京：人民出版社，1994：108.
③ 邓小平文选：第二卷［M］. 北京：人民出版社，1994：109.
④ 教育部办公厅关于加强高等学校马列主义理论教育的意见［M］//中华人民共和国学校思想政治理论课重要文献选编 . 北京：人民出版社，2022：475.
⑤ 教育部办公厅关于加强高等学校马列主义理论教育的意见［M］//中华人民共和国学校思想政治理论课重要文献选编 . 北京：人民出版社，2022：476.

到损失的教训，如何运用这些思想资源教育青年，是思政课建设的一个重大课题。改革开放初期，许多年轻人对改革开放前的中国有一些不解和误会。邓小平同志认为这是因为很多人不知道我们党的历史，我们是怎样奋斗的，怎样成功的。他后来强调，中国在世界上的地位，是在中华人民共和国成立以后才大大提高的；没有中国共产党，不进行新民主主义革命和社会主义革命，我们的国家还会是旧中国的样子。他多次强调要用历史教育青年，把历史作为思想政治教育的重要内容。1987 年 2 月，他在会见加蓬总理邦戈时梳理了中国从鸦片战争起的一个多世纪寻找出路的历史，指出："这个历史告诉我们，中国走资本主义道路不行，中国除了走社会主义道路没有别的道路可走。一旦中国抛弃社会主义，就要回到半殖民地半封建社会，不要说实现'小康'，就连温饱也没有保证。所以了解自己的历史很重要。青年人不了解这些历史，我们要用历史教育青年，教育人民。"①

在高校思政课的授课内容中，历史教育尤其是党史教育很早就存在，这一时期又得到了进一步加强。1985 年 8 月，中共中央在《关于改革学校思想品德和政治理论课教学的通知》中指出，高等学校思想政治理论课的主要内容和要求之一就是"进行以中国革命史为中心的历史教育，使学生了解具有悠久的历史文化传统的中国，是怎样根据历史的必然走上以共产党为领导力量的社会主义道路

---

① 邓小平文选：第三卷［M］. 北京：人民出版社，1993：206.

的"①。1987 年 3 月，国家教育委员会在《关于进一步改革高等学校马克思主义理论课（公共课）教学的意见》中指出，一年多的教学改革实践证明，开设"中国革命史"课适合当代大学生的实际情况，是完全必要的。课程设计中除了"中国革命史"，"中国社会主义建设"也带有很浓的历史教育色彩，主要是帮助学生正确理解社会主义建设和改革的理论以及党的路线、方针和基本政策，认清历史责任。

五、坚决抵制西方资产阶级意识形态侵蚀

坚持正确的理论导向是思想政治教育基本的也是根本的要求。随着改革开放的推进，物质商品的交往也带来了思想文化的交流，国内思想文化领域出现一些消极因素，表现在思想理论方面就是以历史虚无主义和资产阶级自由化为代表的错误思潮。因此，邓小平同志多次强调要坚持四项基本原则，反对资产阶级自由化。1979 年 3 月，针对对外开放过程中青少年思想道德方面的不良倾向，邓小平同志指出："我们提倡中国人和外国人发展正常交往，这对于加强我国和各国人民的了解和友谊是必要的，……但是由于对少数青少年的教育和管理不够，也出现了一些不健康的现象。一些青年男女盲目地羡慕资本主义国家，有些人在同外国人交往中甚至不顾自己的国格和人格。这种情况必须引起我们的认真注意。"② 1983 年 10 月，邓小平同志又强调："不要以为有一点精神污染不算什么，值不得大

---

① 中共中央关于改革学校思想品德和政治理论课程教学的通知［M］//教育部社会科学司. 普通高校思想政治理论课文献选编（1949—2008）. 北京：中国人民大学出版社，2008：107.
② 邓小平文选：第二卷［M］. 北京：人民出版社，1994：177.

惊小怪。有的现象可能短期内看不出多大坏处。但是如果我们不及时注意和采取坚定的措施加以制止，而任其自由泛滥，就会影响更多的人走上邪路，后果就可能非常严重。从长远来看，这个问题关系到我们的事业将由什么样的一代人来接班，关系到党和国家的命运和前途。"①

为抵制西方不良社会思潮影响，邓小平同志强调要加强各级学校的政治教育、形势教育、思想教育，包括人生观教育、道德教育，要坚持用四项基本原则来进行正确的理论引导，旗帜鲜明反对各种错误思潮和错误倾向。1985 年 8 月，中共中央发出的《关于改革学校思想品德和政治理论课教学的通知》就强调，高等学校思想政治理论课要"同时有分析有比较地介绍当代其他各种社会思潮，对错误的思潮要有分析地进行充分说理的批评，培养学生运用马克思主义对这些思潮进行鉴别和分析的能力"②。1987 年 5 月，中共中央在《关于改进和加强高等学校思想政治工作的决定》中就指出，要有的放矢地进行马克思主义理论教育和形势政策教育。要改革教学内容和教学方法，认真研究我国社会主义建设和改革中的重大问题，研究当代世界经济、政治的发展，分析批评有影响的错误思潮，以正确地有说服力地解答学生提出的问题，引导学生通过学习、思考和生动活泼的讨论来掌握马克思主义，解决思想认识问题。

此外，邓小平同志还强调因人而异开展思想政治教育，例如，

---

① 邓小平文选：第三卷［M］. 北京：人民出版社，1993：45.
② 中共中央关于改革学校思想品德和政治理论课程教学的通知［M］//教育部社会科学司. 普通高校思想政治理论课文献选编（1949—2008）. 北京：中国人民大学出版社，2008：107.

他提出："我们在鼓励帮助每个人勤奋努力的同时，仍然不能不承认各个人在成长过程中所表现出来的才能和品德的差异，并且按照这种差异给以区别对待，尽可能使每个人按不同的条件向社会主义和共产主义的总目标前进。"① 他还强调要加强爱国主义教育，指出"必须发扬爱国主义精神，提高民族自尊心和民族自信心。否则我们就不可能建设社会主义，就会被种种资本主义势力所侵蚀腐化"②。他强调要加强法制观念教育，指出"法制观念与人们的文化素质有关。现在这么多青年人犯罪，无法无天，没有顾忌，一个原因是文化素质太低。所以，加强法制重要的是要进行教育，根本问题是教育人。法制教育要从娃娃开始，小学、中学都要进行这个教育，社会上也要进行这个教育"③。

邓小平同志凭借着对国际国内形势的准确把握，从政治高度对思想政治教育尤其是思政课提出了系列要求，对思政课的目标和任务、内容和方式、制度和保障等各个方面都提出了明确要求，为新时期思政课建设提供了思想指导，奠定了重要基础。

第二节 "三个代表"重要思想指导跨世纪高校思政课建设

党的十三届四中全会以后，以江泽民同志为主要代表的中国共产党人，团结带领全党全国各族人民，坚持党的基本理论、基本路

---

① 邓小平文选：第二卷［M］. 北京：人民出版社，1994：106.
② 邓小平文选：第二卷［M］. 北京：人民出版社，1994：369.
③ 邓小平文选：第三卷［M］. 北京：人民出版社，1993：163.

线，加深了对什么是社会主义、怎样建设社会主义和建设什么样的党、怎样建设党的认识，形成了"三个代表"重要思想，在国内外形势十分复杂、世界社会主义出现严重曲折的严峻考验面前捍卫了中国特色社会主义，成功把中国特色社会主义推向 21 世纪。2001 年 7 月 1 日，江泽民同志在庆祝中国共产党成立 80 周年大会上的讲话中，深刻阐述了"三个代表"重要思想的科学内涵及理论体系，全面阐明了走向新世纪中国共产党的历史任务和奋斗目标。"三个代表"重要思想以建设中国特色社会主义为主题，以进一步回答什么是社会主义和如何建设社会主义、创造性地回答建设一个什么样的党和怎样建设党为主线，以凸显在改革发展稳定、内政外交国防、治党治国治军各方面的一系列紧密联系、相互贯通的新思想、新观点、新论断为主要内容。"三个代表"重要思想引领党和国家事业在跨世纪实现了快速发展，也同样为跨世纪高校思政课建设提供了思想引领和行动指导。

一、提高全体人民的思想道德素质和科学文化素质

江泽民同志在阐述"三个代表"重要思想时指出，提高全体人民的思想道德素质和科学文化素质，是我们党要始终代表中国先进生产力的发展要求必须履行的"第一要务"，努力提高全民族思想道德素质和科学文化素质是我们党始终代表中国先进文化的前进方向的基本内涵。在论述继续为实现党的基本路线和历史任务而奋斗的问题时，江泽民同志提出，"要努力提高全民族的思想道德素质和科

学文化素质，实现人们思想和精神生活的全面发展"①，这是不断推进人的全面发展的重要方面。江泽民同志对人的全面发展所要求的基本素质进行了重要概括，也对高校人才培养提出了明确要求。在当时世界经济全球化背景下，如何提高大学生的思想道德素质，确保他们拥有坚定理想信念，成为高校思政课建设的重要目标。

为贯彻落实这一系列指导思想，教育主管部门推动高校思想政治理论课构建起"马克思主义理论课和思想品德课"的"两课"架构，同时围绕人才目标提出"两课"的根本目标和主要内容。根本目标是引导和帮助学生树立马克思主义的世界观、人生观、价值观，确立为建设有中国特色社会主义而奋斗的政治方向，增强抵制错误思想和拜金主义、享乐主义、极端个人主义等腐朽思想侵蚀的能力。"两课"教学及改革的主要内容包括，进行马列主义、毛泽东思想和建设有中国特色社会主义理论的教育，进行以中国革命史为中心的近现代历史教育、优秀革命传统教育和国情教育，进行以人生观、价值观、道德观为核心的思想品德教育，包括进行中华民族优秀道德传统教育和职业道德方面的教育，进行法治教育，进行世界政治经济与国际关系基本知识的教育。1995 年 11 月，国家教育委员会颁布的《中国普通高等学校德育大纲（试行）》也明确指出："高等学校的根本任务是培养德智体等方面全面发展的社会主义事业的建设者和接班人。现在和今后一二十年高等学校培养出来的学生，他们的思想道德和科学文化素质如何，直接关系到 21 世纪中国的面貌，关系到我国社会主义现代化建设事业能否实现，关系到能否坚

---

① 江泽民文选：第三卷 [M]. 北京：人民出版社，2006：295.

持党的基本路线一百年不动摇。"强调"高等学校德育的任务，是用马克思列宁主义、毛泽东思想和邓小平建设有中国特色社会主义理论教育学生坚持社会主义方向，树立科学的世界观和正确的人生观，形成良好的道德品质，把学生培养成为有理想、有道德、有文化、有纪律的一代新人"①。

二、思想政治素质是最重要的素质

江泽民同志还深刻指出："要说素质，思想政治素质是最重要的素质。"② 高校的根本任务是培养社会主义事业建设者和接班人，要始终注重引导学生加强自身理论修养，培养坚定正确的政治方向，树立马克思主义世界观、人生观和价值观。而学校的政治理论教学，恰恰是完成这一根本任务的重要环节。加强思想政治素质教育，全面推进素质教育，是当时教育事业的工作重点，也是对高校思政课建设提出的时代课题。

1999年11月，中共中央发出《关于加强和改进思想政治工作的若干意见》，明确提出"学校的思想政治工作要围绕培养社会主义事业建设者和接班人的根本任务来进行。各级各类学校都要认真贯彻党的教育方针，坚持社会主义办学方向。要充实和改进思想品德课和政治理论课的教学内容，把学校教育与社会实践结合起来，全面推进素质教育"。教育部党组专门印发《关于高等学校学习贯彻〈中

---

① 国家教育委员会关于颁布施行《中国普通高等学校德育大纲》的通知 [M] // 中华人民共和国学校思想政治理论课重要文献选编. 北京：人民出版社，2022：862.

② 江泽民文选：第二卷 [M]. 北京：人民出版社，2006：332.

共中央关于加强和改进思想政治工作的若干意见〉的通知》，强调"必须坚持以培养人为中心，全面贯彻党的教育方针，以全面推进素质教育为目标，围绕培养社会主义事业的建设者和接班人的根本任务来进行，使受教育者坚持学习科学文化与加强思想修养的统一，坚持学习书本知识与投身社会实践的统一，坚持实现自身价值与服务祖国人民的统一，坚持树立远大理想与进行艰苦奋斗的统一"①。

三、开展爱国主义、集体主义、社会主义教育

爱国主义是中华民族的优良传统，是中国人民在五千年悠久历史中形成的一种对于祖国的深厚感情。集体主义是社会主义道德的基本内容，是正确处理社会主义制度下各种利益和社会关系的基本准则。社会主义是中国人民的伟大选择，是不可动摇的理想信念。针对提升青年学生的思想政治素质，江泽民同志指出，"不断增强学生和群众的爱国主义、集体主义、社会主义思想，是素质教育的灵魂"②。他强调"尤其是要加强对青少年学生进行爱国主义、集体主义、社会主义的思想教育，帮助他们树立正确的世界观、人生观、价值观"③，"爱国主义教育是精神文明建设的一个重要内容。加强爱国主义教育，要贯穿社会主义现代化建设的整个过程"④。1994

① 教育部党组关于高等学校学习贯彻《中共中央关于加强和改进思想政治工作的若干意见》的通知［M］//中华人民共和国学校思想政治理论课重要文献选编.北京：人民出版社，2022：967.
② 江泽民文选：第二卷［M］.北京：人民出版社，2006：332.
③ 关于教育问题的谈话［M］//中华人民共和国学校思想政治理论课重要文献选编.北京：人民出版社，2022：971.
④ 江泽民文选：第一卷［M］.北京：人民出版社，2006：580.

年，中共中央印发了《爱国主义教育实施纲要》，对新时期爱国主义教育的方针、原则、内容、方式方法等提出了明确要求。

1994年8月，中共中央印发《关于进一步加强和改进学校德育工作的若干意见》，强调要"深入持久地进行爱国主义、集体主义和社会主义思想教育"。爱国主义教育要以中国近现代史和国情教育为依托，形成贯穿小、中、大学各教育阶段，由浅入深的稳定的教育序列。高等学校和高中阶段要开设时事政策课或讲座，以国内外形势及党和国家重大方针政策为主要内容，对学生进行生动、现实的国情教育。要对学生进行以集体主义为核心的价值观教育，帮助学生正确处理个人、集体、国家之间的利益关系，正确认识社会上存在的各种消极现象，培养辨别是非善恶的能力，反对拜金主义、享乐主义、极端个人主义。要对学生进行坚持党的领导和社会主义道路的教育，解答什么是社会主义、为什么要坚持社会主义、如何建设社会主义等学生关心和思考的深层次问题，帮助确立坚定正确的政治方向。

四、加强党的基本路线和形势政策教育

党的基本路线反映了我国社会主义现代化建设的基本规律，指明了中国特色社会主义的正确道路。江泽民同志强调，"必须坚持不懈地学习马列主义、毛泽东思想，特别是邓小平同志建设有中国特色社会主义理论，就是为了使大家提高政治水平、理论水平，全面

地、正确地、积极地贯彻党的基本路线"①。面对社会主义现代化建设复杂的国际和国内环境，江泽民同志指出，"党的以经济建设为中心、坚持四项基本原则、坚持改革开放的基本路线，要贯彻到各项工作中去，一百年不动摇。宣传思想战线必须牢牢把握党的基本路线，做好自己的工作，通过有力的宣传和思想动员，把全党全国人民的思想和行动进一步统一到党的基本路线上来"②。他还指出，"党的理论、路线、方针、政策和我们的奋斗目标，需要更深入更广泛地宣传，为群众所理解和掌握；党和政府所采取的一系列推进改革和建设的新举措，需要向群众做通俗的、有说服力的解释"③。这就要求面向包括青年学生在内的干部群众开展形势政策宣传教育，使其准确了解当前国内外各方面的发展情况，深刻认识党的各项方针政策的必要性、迫切性和可行性，激励干部群众积极投身中国特色社会主义的伟大实践。

1995 年 10 月，国家教育委员会发布的《关于高校马克思主义理论课和思想品德课教学改革的若干意见》指出，"怎样帮助青年学生认清人类历史的走向和社会主义发展的前景，使他们确立坚定正确的政治方向，提高贯彻执行党的基本路线的自觉性；树立马克思主义的世界观、人生观、价值观，培养良好的道德品质，成为社会主义事业的建设者和接班人，这是'两课'教学需要研究解决的新情

---

① 中共中央文献研究室. 十四大以来重要文献选编：中 [M]. 北京：人民出版社，1997：1747.

② 中共中央文献研究室. 十四大以来重要文献选编：上 [M]. 北京：人民出版社，1996：653.

③ 中共中央文献研究室. 十四大以来重要文献选编：上 [M]. 北京：人民出版社，1996：649.

况和新问题"①。高校德育工作也有针对性地加强了党的基本路线和形势政策教育，要求学生正确理解和坚持党的基本路线，坚持以经济建设为中心，坚持四项基本原则，坚持改革开放，学会识别和抵制各种背离党的基本路线的错误倾向，拥护中国共产党的领导，走建设有中国特色的社会主义道路。1996 年 10 月，国家教育委员会专门印发《关于进一步加强高等学校〈形势与政策〉课程建设的意见》强调，"作为学校教育不可缺少的组成部分，《形势与政策》课的作用是其他思想政治教育类课程所不可替代的。各级教育部门和高校的领导要切实重视和加强对《形势与政策》课程建设的领导，把它作为思想品德课教学改革中的一项重要内容认真抓好"②。

五、加强民主法制教育

发扬社会主义民主，健全社会主义法制，建设社会主义法治国家，是实现社会主义初级阶段基本路线、基本纲领的重要保证。没有民主，就没有社会主义，就没有社会主义现代化。法制观念的普及程度和人民的民主素养，是衡量一个国家文明水平和国民素质的重要标志。江泽民同志指出，"我们要推进社会主义民主法制建设，必须加强民主建设的理论研究，完善民主制度，制定各方面的法律

① 国家教育委员会关于高校马克思主义理论课和思想品德课教学改革的若干意见[M]//中华人民共和国学校思想政治理论课重要文献选编. 北京：人民出版社，2022：856.

② 国家教育委员会关于进一步加强高等学校《形势与政策》课程建设的意见[M]//中华人民共和国学校思想政治理论课重要文献选编. 北京：人民出版社，2022：886.

法规，宣传、普及民主知识和法律知识，提高和增强全民族的民主素养和法制观念"①。在党的十四大报告中，他进一步强调，"要把民主法制实践和民主法制教育结合起来，不断增强广大干部群众的民主意识和法制观念"②。1996 年 8 月，他又强调，"搞好法制教育，增强全体公民的法律意识和法制观念，是社会主义法制建设的基础工程，也是加强社会主义精神文明建设的重要内容"③。

对青年学生的民主法制教育，离不开高校思想政治教育和思政课。1995 年 11 月，国家教育委员会颁布的《中国普通高等学校德育大纲》就明确要求，"树立社会主义民主法制观念。自觉维护和遵守中华人民共和国宪法和法律；正确行使法律所赋予的民主权利，自觉履行法律所规定的义务，知法、守法、用法，维护学校和社会稳定"④。1998 年 6 月，中宣部、教育部在对"两课"课程设置进行规定时，专门强调"法律基础"课程主要是进行社会主义法制教育，帮助学生掌握马克思主义法学的基本观点，了解宪法和有关专门法的基本精神和规定，增强学生的社会主义法制观念和法律意识。⑤ 此后，虽然随着法治化建设的推进，相关表述从"法律意识"到"法制意识"又到"法治意识"，但相关课程内容在思政课中始终得以保留。

---

① 江泽民文选：第一卷 ［M］. 北京：人民出版社，2006：125.
② 江泽民文选：第一卷 ［M］. 北京：人民出版社，2006：236.
③ 江泽民论社会主义精神文明建设 ［M］. 北京：中央文献出版社，1999：169.
④ 国家教育委员会关于颁布《中国普通高等学校德育大纲》的通知 ［M］//中华人民共和国学校思想政治理论课重要文献选编. 北京：人民出版社，2022：863.
⑤ 中共中央宣传部、教育部关于普通高等学校"两课"课程设置的规定及其实施工作的意见 ［M］//中华人民共和国学校思想政治理论课重要文献选编. 北京：人民出版社，2022：950.

第三节　科学发展观指导高校思政课建设不断完善

党的十六大以后，以胡锦涛同志为主要代表的中国共产党人，团结带领全党全国各族人民，在全面建设小康社会进程中推进实践创新、理论创新、制度创新，深刻认识和回答了新形势下实现什么样的发展、怎样发展等重大问题，形成了科学发展观。改革开放以来特别是党的十三届四中全会以来，高校思政课教育教学取得了很大成绩，在引导大学生坚定对马克思主义的信仰、对社会主义的信念，增强对改革开放和现代化建设的信心、对党和政府的信任等方面，发挥了重要的作用。在推进党的创新理论"三进"，提高大学生思想道德素质，维护高校和社会稳定方面发挥了不可替代的作用，做出了独特的贡献。但同时，新的发展形势也对高校思政课教育教学提出了新的任务和要求。按照我国全面建设小康社会的要求，到2020年我国人均国内生产总值将由1000美元达到3000美元。这一关键时期既是我国的"黄金发展期"，又是"矛盾凸显期"，热点难点问题增多，统一思想、凝聚力量的任务极为繁重。面对新的变化和新的情况，高校思政课在加强学科建设、完善课程体系、加强教材建设、改进教学方法、加强师资队伍建设、改善宏观指导方面，特别是在思政课的针对性、实效性和吸引力、感染力方面，还存在不少亟待解决的问题。①

一、思想政治工作必须坚持以人为本

胡锦涛同志在全国宣传工作会议上强调，思想政治工作说到底是做人的工作，必须坚持以人为本。既要坚持教育人、引领人、鼓舞人、鞭策人，又要做到尊重人、理解人、关心人、帮助人。这一论断为新形势下的思想政治工作指明了方向。他还强调，加强和改进大学生思想政治教育，要以大学生全面发展为目标，要充分调动大学生的积极性和主动性，引导他们自我教育、自我管理、自我服务。这些思想见解从新的战略高度明确重申了促进人的全面发展是思想政治教育的根本目标，鲜明提出了思想政治教育尊重学生主体性的要求，阐述了大学生思想政治教育如何落实以人为本思想的方法和途径。以人为本的核心是尊重人。思想政治工作成功与否，思想政治工作者成熟与否，关键在于能不能做到以人为本，充分发挥人的主观能动性，最大限度地挖掘人的潜能。

2004年8月，中共中央、国务院《关于进一步加强和改进大学生思想政治教育的意见》贯彻落实科学发展观，把"以人为本"纳入加强和改进大学生思想政治教育的指导思想，并强调"努力解决大学生的实际问题"。要求高校从严治校，加强管理，改善办学条件，提高教育教学质量，为大学生成长成才创造条件；加强对经济

---

① 教育部办公厅关于印发《高校思想政治理论课管理工作会议纪要》的通知[M]//中华人民共和国学校思想政治理论课重要文献选编.北京：人民出版社，2022：1171.

困难大学生的资助工作，以政府投入为主，多方筹措资金，不断完善资助政策和措施，帮助经济困难大学生完成学业；帮助大学生树立正确的就业观念，提供高效优质的就业创业服务。对于高校思想政治理论课，则要求广大教师要以高度负责的态度，率先垂范、言传身教，以良好的思想、道德、品质和人格给大学生以潜移默化的影响；要在传授专业知识过程中加强思想政治教育，使学生在学习科学文化知识过程中自觉加强思想道德修养，提高政治觉悟。[1] 这些思政课建设的举措都充分体现了以学生为本的思想观念。

二、坚持全面、协调、可持续发展观念

胡锦涛同志关于大学生思想政治教育的论述，贯穿着全面、协调、可持续发展观念。他强调，人的思想政治素质的发展，是多种因素综合作用的结果。坚持全面育德，创造并利用各种积极因素为提高思想政治素质服务，是思想政治素质发展规律的根本要求。强调所有教师都负有育人职责，要坚持教书育人、服务育人、管理育人、齐抓共管、形成合力。强调各门课程都具有育人功能，要深入挖掘各类课程的思想政治教育资源，并坚持实践育人、文化育人、环境育人。强调坚持教育与自我教育相结合，激发受教育者的内在动力。

在科学发展观指导下，中央宣传部、教育部对高校思想政治理

---

① 中共中央、国务院关于进一步加强和改进大学生思想政治教育的意见［M］//中华人民共和国学校思想政治理论课重要文献选编．北京：人民出版社，2022：1114.

论课的总体要求设计是，坚持用发展着的马克思主义武装大学生，始终保持教育教学的正确方向；坚持理论联系实际，贴近实际、贴近生活、贴近学生；坚持开拓创新，不断改进教育教学的内容、形式和方法。要形成比较完善的学科体系和课程体系，编写出充分体现当代中国马克思主义最新成果的教材，实现教学方式方法多样化、实践教学规范化和教学手段现代化，建立和完善教师培训制度和激励机制，确立党的宣传部门与教育部门相互协调、密切配合的宏观管理体制，形成关心和支持高等学校思想政治理论课建设的良好社会氛围。①

三、注重面向青年学生开展思想道德教育

在发展社会主义市场经济和对外开放的条件下，在各种思想文化相互激荡的环境中，大学生思想活动的独立性、选择性、多变性、差异性明显增强，受到各种思想文化的影响明显增多。针对当时敌对势力同我们争夺下一代的斗争日益尖锐的形势，胡锦涛同志强调，必须在大力提高大学生科学文化素质和健康素质的同时，下功夫提高大学生思想政治素质，引导大学生树立正确的理想信念，增强政治鉴别力，有效防范和抵御敌对势力的思想渗透。胡锦涛同志在全国加强和改进未成年人思想道德建设工作会议上的讲话中指出，"进一步加强和改进未成年人思想道德建设，是中央从推进新世纪新阶

① 中共中央宣传部、教育部关于进一步加强和改进高等学校思想政治理论课的意见［M］//中华人民共和国学校思想政治理论课重要文献选编．北京：人民出版社，2022：1156.

段党和国家事业发展、实现党和国家长治久安出发作出的一项重大决策"。他强调，"科学的理论是开展未成年人思想道德建设的行动指南。必须坚持用马克思主义指导未成年人思想道德建设，使之始终沿着正确的政治方向前进。要坚持用科学的理论武装人，根据未成年人的特点，由浅入深、循序渐进地进行辩证唯物主义和历史唯物主义基本观点的教育，引导他们逐步认识社会发展规律，全面认识国情，增强对中国特色社会主义事业的理解和认同，打牢提高思想道德素质的理论基础"。"必须在未成年人中积极主动、切实有效、持之以恒地开展思想道德教育，加强爱国主义、集体主义、社会主义教育，引导他们增强辨别是非、善恶、美丑的能力，增强抵制错误思潮和腐朽思想侵蚀的能力，使他们能够正确认识世界、正确对待人生、正确选择生活道路、正确把握生活准则。"[①]

　　基于这一思想，中央宣传部、教育部不断加强高校思政课课程体系建设，强调立足于对大学生进行系统的马克思列宁主义、毛泽东思想、邓小平理论和"三个代表"重要思想教育，帮助学生掌握中国特色社会主义理论的科学体系和基本观点，指导学生运用马克思主义世界观和方法论去认识和分析问题。开展马克思主义人生观、价值观、道德观和法治观的教育，引导学生树立高尚的理想情操和养成良好的道德品质，树立体现中华民族优秀传统和时代精神的价值标准和行为规范。开展中国近现代史的教育，帮助学生了解国史、国情，深刻领会历史和人民是怎样选择了马克思主义，选择了中国

---

① 胡锦涛同志在全国加强和改进未成年人思想道德建设工作会议上的讲话［M］//中华人民共和国学校思想政治理论课重要文献选编. 北京：人民出版社，2022：1096.

共产党，选择了社会主义道路。开展党的路线、方针和政策教育，帮助学生正确认识国内外形势。通过思想政治理论课主渠道，教育引导学生形成良好的思想道德素质。

四、有针对性解决思政课针对性和时效性问题

2004 年 3 月，胡锦涛同志在一份关于高校思想政治理论课教学情况的调研报告上做出重要批示。批示指出，中宣部、教育部要深入研究高校思想政治理论课的教学问题，要本着与时俱进的精神，从培养师资队伍、加强教材建设、改革教学方法、改进宏观指导等方面下功夫，力争在几年内，使思想政治理论课教学情况明显改善。批示既指出了改进和加强高校思政课建设的方向，又提出了工作要求和目标。① 贯彻落实胡锦涛同志批示精神，中宣部、教育部在全国范围内组织开展了为期 9 个月的大调研，在此基础上形成了《中共中央宣传部、教育部关于进一步加强和改进高等学校思想政治理论课的意见》（简称《意见》）。《意见》指出："马克思主义是我们立党立国的根本指导思想，是全党全国人民团结奋斗的共同思想基础。高等学校思想政治理论课承担着对大学生进行系统的马克思主义理论教育的任务，是对大学生进行思想政治教育的主渠道。充分发挥思想政治理论课的作用，用马克思列宁主义、毛泽东思想、邓小平理论和'三个代表'重要思想武装当代大学生，是党的教育方针的

---

① 教育部办公厅关于印发《高校思想政治理论课管理工作会议纪要》的通知 [M]//中华人民共和国学校思想政治理论课重要文献选编 . 北京：人民出版社，2022：1169.

具体体现，是社会主义大学的本质特征，是党和国家事业长远发展的根本保证。"高校思政课主要开展四方面内容教学，"深入开展马克思主义立场、观点、方法教育，开展党的基本理论、基本路线、基本纲领和基本经验教育，开展科学发展观教育，开展中国革命、建设和改革开放的历史教育，开展基本国情和形势与政策教育，不断增强高等学校思想政治理论课教育教学的针对性、实效性和说服力、感染力"①。值得注意的是，提升针对性、实效性和说服力、感染力在这时候已经成为思政课建设的重要目标。2005 年 1 月，胡锦涛同志在全国加强和改进大学生思想政治教育工作会议上又指出，在新的历史条件下，大学生思想政治教育工作面临着许多新情况新问题，还存在不少薄弱环节，提到"十个如何"，其中之一就是"如何针对大学生的思想特点提高思想政治理论课和哲学社会科学一些学科的针对性和实效性，增强这些课程和学科的吸引力、感染力、说服力"②。

为提高思政课的针对性和实效性，中央宣传部、教育部对加强和改进高校思想政治理论课提出了新的要求，尤其是改进高校思政课教育教学的方式和方法。要求充分发挥教师的主导作用，提高马克思主义理论的说服力和感染力。充分发挥学生学习的主体作用，激发学生学习的积极性和主动性。教学方式和方法要努力贴近学生

①　中共中央宣传部、教育部关于进一步加强和改进高等学校思想政治理论课的意见［M］//中华人民共和国学校思想政治理论课重要文献选编. 北京：人民出版社，2022：1154.

②　切实加强和改进大学生思想政治教育工作［M］//中华人民共和国学校思想政治理论课重要文献选编. 北京：人民出版社，2022：1135.

实际，符合教育教学规律和学生学习特点，提倡启发式、参与式、研究式教学。要研究分析社会热点。要多用通俗易懂的语言、生动鲜活的事例、新颖活泼的形式，活跃教学气氛，启发学生思考，增强教学效果。要精心设计和组织教学活动，认真探索专题讲授、案例教学等多种教学方法，积极推广名师大班讲授和小班辅导的教学经验，大力推进多媒体和网络技术的广泛应用，实现教学手段现代化。建立教学资料数据库，实现资源共享。要加强实践教学。要改进和完善考试方法。①

五、大力推进高校思政课的学科建设

在全面、协调、可持续发展理念的指导下，为更好支撑思政课发展，马克思主义一级学科建设也被提上日程。学科建设是加强和改进思想政治理论课的基础。思想政治理论课教育教学所依托的学科是我国独有的一门政治性、科学性和实践性很强的学科。2005 年12 月，为加强马克思主义理论体系研究、马克思主义发展史和马克思主义中国化研究、思想政治教育研究，推进党的思想理论建设和巩固马克思主义在高等学校教育教学中的指导地位，加强高校思想政治理论课建设、培养思想政治教育工作队伍，国务院学位委员会、教育部在法学门类中增设马克思主义理论一级学科，下设马克思主义基本原理、马克思主义发展史、马克思主义中国化研究、国外马

<hr/>

① 中共中央宣传部、教育部关于进一步加强和改进高等学校思想政治理论课的意见［M］//中华人民共和国学校思想政治理论课重要文献选编．北京：人民出版社，2022：1158.

克思主义研究、思想政治教育 5 个二级学科。这为思政课建设提供了有力的学科支撑、队伍支撑。

第四节　习近平新时代中国特色社会主义思想
指导高校思政课守正创新

党的十八大以来，中国特色社会主义进入新时代。以习近平同志为主要代表的中国共产党人，坚持把马克思主义基本原理同中国具体实际相结合、同中华优秀传统文化相结合，坚持毛泽东思想、邓小平理论、"三个代表"重要思想、科学发展观，深刻总结并充分运用党成立以来的历史经验，从新的实际出发，创立了习近平新时代中国特色社会主义思想。习近平新时代中国特色社会主义思想站在新的历史方位，解答了新时代坚持和发展什么样的中国特色社会主义、怎样坚持和发展中国特色社会主义，建设什么样的社会主义现代化强国、怎样建设社会主义现代化强国，建设什么样的长期执政的马克思主义政党、怎样建设长期执政的马克思主义政党等重大时代课题，是当代中国马克思主义、21 世纪马克思主义，成为党治国理政的指导思想，也为高校思政课建设提供了根本遵循。

一、落实立德树人根本任务的关键课程

以习近平同志为核心的党中央高度重视思政课建设。习近平总书记在多个场合强调思政课的重要性，并专门召开学校思想政治理论课教师座谈会，语重心长地强调："办好思政课，是我非常关心的

一件事。党的十八大以来，党中央先后召开全国高校思想政治工作会议、全国教育大会，我就思政课建设多次讲过意见。我对教育工作在这方面强调得最多，教育工作别的方面我也强调，但思政课建设我必须更多强调。"① 他明确指出，"思政课是落实立德树人根本任务的关键课程，思政课作用不可替代，思政课教师队伍责任重大"②。习近平总书记把思政课放在世界百年未有之大变局、党和国家事业发展全局中看待，从坚持和发展中国特色社会主义、建设社会主义现代化强国、实现中华民族伟大复兴的高度来对待。中国共产党立志于中华民族千秋伟业，必须培养一代又一代拥护中国共产党领导和我国社会主义制度、立志为中国特色社会主义事业奋斗终身的有用人才。这就需要通过思政课来系统开展马克思主义理论教育，用习近平新时代中国特色社会主义思想铸魂育人，引导学生增强中国特色社会主义道路自信、理论自信、制度自信、文化自信，厚植爱国主义情怀，把爱国情、强国志、报国行自觉融入坚持和发展中国特色社会主义、建设社会主义现代化强国、实现中华民族伟大复兴的奋斗之中。习近平总书记从党的事业后继有人的高度，把思政课提到前所未有的重视程度。据不完全统计，仅党的十八大以来，习近平总书记通过会议、考察、批示等方式针对思政课提出要求就达十多次。

立德树人是发展中国特色社会主义教育事业的核心所在，是培

---

① 习近平 . 思政课是落实立德树人根本任务的关键课程 [J]. 求是，2020（17）：6.

② 习近平 . 思政课是落实立德树人根本任务的关键课程 [J]. 求是，2020（17）：4.

养德智体美全面发展的社会主义建设者和接班人的本质要求。课程
是教育思想、教育目标和教育内容的主要载体，集中体现国家意志
和社会主义核心价值观，是学校教育教学活动的基本依据，直接影
响人才培养质量。中央有关部门高度重视课程尤其是高校思政课建
设，把思政课作为重要工作推进。2015 年 1 月，中共中央办公厅、
国务院办公厅印发《关于进一步加强和改进新形势下高校宣传思想
工作的意见》，强调"高校作为意识形态工作前沿阵地，肩负着学习
研究宣传马克思主义，培育和弘扬社会主义核心价值观，为实现中
华民族伟大复兴的中国梦提供人才保障和智力支持的重要任务"，同
时要求"要建设学生真心喜爱、终身受益的高校思想政治理论课，
实施高校思想政治理论课建设体系创新计划，全面深化课程建设综
合改革，编好教材，建好队伍，抓好教学，切实办好思想政治理论
课"。[①] 2019 年 8 月，中办、国办又印发《关于深化新时代学校思想
政治理论课改革创新的若干意见》，提出要贯彻落实习近平总书记关
于教育的重要论述，特别是在学校思想政治理论课教师座谈会上的
重要讲话精神，全面贯彻党的教育方针，坚持不懈用习近平新时代
中国特色社会主义思想铸魂育人。中宣部、教育部共同印发了《普
通高等学校思想政治理论课建设体系创新计划》，对新时代高校思想
政治理论课建设做出具体部署。教育部先后印发了《教育部关于全
面深化课程改革落实立德树人根本任务的意见》《高等学校思想政治
理论课建设标准》《高等学校马克思主义学院建设标准（2017 年

---

① 中共中央办公厅、国务院办公厅印发《关于进一步加强和改进新形势下高校宣
传思想工作的意见》［M］//中华人民共和国学校思想政治理论课重要文献选
编．北京：人民出版社，2022：1379，1381.

本）》《新时代高校思想政治理论课教学工作基本要求》等，全方位加强思政课建设，推动高校更好落实立德树人根本任务。

二、牢牢抓住解决好"培养什么人、怎样培养人、为谁培养人"这个根本问题

培养什么人，如何培养人，历来是党和国家教育的根本问题。习近平总书记牢牢抓住解决好"培养什么人、怎样培养人、为谁培养人"这个根本问题，做出一系列重要论述。2012 年，党的十八大报告就提出把立德树人作为教育的根本任务，培养德智体美全面发展的社会主义建设者和接班人。① 2017 年党的十九大上，习近平总书记强调要"全面贯彻党的教育方针，落实立德树人根本任务，发展素质教育，推进教育公平，培养德智体美全面发展的社会主义建设者和接班人"②。在 2018 年 9 月召开的全国教育大会上，习近平总书记对这个根本问题又进行了深刻阐释，他强调，"培养什么人，是教育的首要问题"。"从历史和现实的角度看，任何国家、任何社会，其维护政治统治、维系社会稳定的基本途径无一不是通过教育。我国是中国共产党领导的社会主义国家，这就决定了我们的教育必须把培养社会主义建设者和接班人作为根本任务，培养一代又一代拥护中国共产党领导和我国社会主义制度、立志为中国特色社会主义

---

① 胡锦涛. 坚定不移沿着中国特色社会主义道路前进 为全面建成小康社会而奋斗：在中国共产党第十八次全国代表大会上的报告 [N]. 人民日报，2012-11-18 (1).
② 习近平. 决胜全面建成小康社会 夺取新时代中国特色社会主义伟大胜利：在中国共产党第十九次全国代表大会上的报告 [N]. 人民日报，2017-10-28 (1).

奋斗终身的有用人才。我们的教育绝不能培养社会主义破坏者和掘墓人，绝不能培养出一些'长着中国脸，不是中国心，没有中国情，缺少中国味'的人！那将是教育的失败。教育的失败是一种根本性失败。我们决不能犯这种历史性错误！这是推进教育现代化、建设教育强国必须把握的大是大非问题，没有什么可隐晦、可商榷、可含糊的。"① 2019 年，在全国学校思想政治理论课教师座谈会上，习近平总书记强调要努力培养担当民族复兴大任的时代新人，培养德智体美劳全面发展的社会主义建设者和接班人。由此可见，习近平总书记从党和国家事业发展全局出发，深刻揭示了面向中华民族伟大复兴新征程需要什么样的建设者和接班人问题，为新时代思政课建设提供了指导思想和行动指南。

2015 年 7 月，中宣部、教育部印发的《普通高校思想政治理论课建设体系创新计划》进一步强调了思政课的育人主渠道、主阵地功能，指出："高校肩负着学习研究宣传马克思主义、培养中国特色社会主义事业建设者和接班人的重大任务。思想政治理论课是巩固马克思主义在高校意识形态领域指导地位，坚持社会主义办学方向的重要阵地，是全面贯彻落实党的教育方针，培养中国特色社会主义事业合格建设者和可靠接班人，落实立德树人根本任务的主渠道，是进行社会主义核心价值观教育、帮助大学生树立正确世界观人生观价值观的核心课程。办好思想政治理论课，事关意识形态工作大局，事关中国特色社会主义事业后继有人，事关实现中华民族伟大

---

① 中共中央党史和文献研究院．十九大以来重要文献选编：上［M］．北京：中央文献出版社，2019：647．

复兴的中国梦，必须始终摆在突出位置，持之以恒、常抓不懈。"①

三、办好思想政治理论课关键在教师

"经师易求，人师难得。"习近平总书记高度重视思政课教师队伍建设，把教师队伍建设作为办好思政课的关键用力之处。他强调，讲思想政治理论课，要让信仰坚定、学识渊博、理论功底深厚的教师来讲，让学生真心喜爱、终身受益。2019 年 3 月，习近平总书记亲自主持召开学校思想政治理论课教师座谈会并指出，"思政课教师，要给学生心灵埋下真善美的种子，引导学生扣好人生第一粒扣子"②。他明确提出了思政课教师六方面的素养：一是政治要强。要让有信仰的人讲信仰，要善于从政治上看问题，自觉用习近平新时代中国特色社会主义思想武装头脑，在大是大非面前保持政治清醒。二是情怀要深。要有家国情怀，心里装着国家和民族，在党和人民的伟大实践中关注时代、关注社会，汲取养分、丰富思想。要有传道情怀，对马克思主义理论教育事业投入真情实感，对思政课教育教学有执着追求。要有仁爱情怀，把对家国的爱、对教育的爱、对学生的爱融为一体，心中始终装着学生，让思政课成为一门有温度的课。三是思维要新。要善于运用创新思维、辩证思维，善于运用矛盾分析方法抓住关键、找准重点、阐明规律，创新课堂教学，给

---

① 中共中央宣传部、教育部关于印发《普通高校思想政治理论课建设体系创新计划》的通知 [M] //中华人民共和国学校思想政治理论课重要文献选编．北京：人民出版社，2022：1384.

② 习近平．思政课是落实立德树人根本任务的关键课程 [J]．求是，2020（17）：10.

学生深刻的学习体验。四是视野要广。要有知识视野，除了具有马克思主义理论功底之外，还要广泛涉猎其他哲学社会科学以及自然科学的知识。要有宽广的国际视野和历史视野。五是自律要严。既要遵守教学纪律，也要遵守政治纪律和政治规矩，做到课上课下一致、网上网下一致。六是人格要正。要有堂堂正正的人格，用高尚的人格感染学生、赢得学生。要有学识魅力，用真理的力量感召学生，以深厚的理论功底赢得学生。要自觉做到修身修为，自觉做为学为人的表率，做让学生喜爱的人。

学校思想政治理论课教师座谈会后，教育部很快制定《普通高等学校思想政治理论课教师队伍培养规划（2019—2023 年）》（简称《规划》），围绕建设一支专职为主、专兼结合、数量充足、素质优良的高校思政课教师队伍进行部署规划。《规划》提出，进一步完善国家、省（区、市）、校三级思政课教师培养体系，优化培养模式，创新培养举措，丰富培养资源，压实培养责任，使新时代思政课教师理想信念更坚定、马克思主义理论功底更扎实、教书育人水平整体提升，切实做到政治要强、情怀要深、思维要新、视野要广、自律要严、人格要正。目标是配齐建强思政课教师队伍，努力培养造就数十名国内有广泛影响的思政课名师大家、数百名思政课教学领军人才、数万名思政课教学骨干，推动全国高校思政课教师队伍更平衡更充分发展，整体水平不断提升，切实办好新时代高校思政课。2019 年 8 月，中办、国办印发《关于深化新时代学校思想政治理论课改革创新的若干意见》，瞄准"建设一支政治强、情怀深、思维新、视野广、自律严、人格正的思政课教师队伍"目标，从加快壮大学校思政课教师队伍、切实提高思政课教师综合素质、切实改革思政课教师评价机制、加大思政课教师激励力度、大力加强思政课教师队伍后备人才培养工作等方面做出规定。2020 年 1 月，教育部专门发布《新时代高等学校思想政治理论课教师队伍建设规定》，明确"思政课教师是指承担高等学校思政课教育教学和研究职责的专兼职教师，是高等学校教师队伍中承担开展马克思主义理论教育、用习近平新时代中国特色社会主义思想铸魂育人的中坚力量"①，并对思政课教师的职责与要求、配备与选聘、培养与培训、考核与评价、保障与管理等做出明确规定。

四、不断增强思政课的思想性、理论性和亲和力、针对性

习近平总书记对思政课的高度重视，不仅体现在从高位谋划推动，更体现在对思政课症结问题的深刻把握和精准施策上。他在肯定思政课建设取得成绩的同时也指出思政课存在"课堂教学效果还需要提升""教材内容还不够鲜活，针对性、可读性、实效性有待增强"等问题。他在 2016 年的全国高校思想政治工作会议上就强调，要用好课堂教学这个主渠道，思想政治理论课要坚持在改进中加强，提升思想政治教育亲和力和针对性，满足学生成长发展需求和期待，其他各门课都要守好一段渠、种好责任田，使各类课程与思想政治理论课同向同行，形成协同效应。② 2019 年，在学校思想政治理论

---

① 新时代高等学校思想政治理论课教师队伍建设规定［M］//中华人民共和国学校思想政治理论课重要文献选编．北京：人民出版社，2022：1572.

② 习近平在全国高校思想政治工作会议上强调 把思想政治工作贯穿教育教学全过程 开创我国高等教育事业发展新局面［N］．人民日报，2016-12-09（1）.

课教师座谈会上，习近平总书记又强调，"最终要落到把思政课讲得更有亲和力和感染力、更有针对性和实效性上来，实现知、情、意、行的统一，叫人口服心服"①。思想性是指思政课应当具有引领学生思想的能力，引导学生树立正确的世界观、人生观和价值观。理论性是指思政课应当具有扎实的理论基础和学术水平，能够系统地传授马克思主义理论和中国特色社会主义理论，提高学生的理论修养。亲和力是指思政课应当具有亲近学生、贴近生活的特点，能够引发学生共鸣，增强学生对思政课的认同感和归属感。针对性是指思政课应当针对学生的实际需求和特点，因地制宜地设计教学内容和方法，让学生真正受益。增强思政课的思想性、理论性和亲和力、针对性，明确了思政课改革创新的目标和方向。围绕如何提升思想性、理论性和亲和力、针对性，习近平总书记还明确提出了"八个相统一"：坚持政治性和学理性相统一，坚持价值性和知识性相统一，坚持建设性和批判性相统一，坚持理论性和实践性相统一，坚持统一性和多样性相统一，坚持主导性和主体性相统一，坚持灌输性和启发性相统一，坚持显性教育和隐性教育相统一。

为贯彻落实习近平总书记重要讲话精神，有关部门把提升高校思政课的思想性、理论性和亲和力、针对性作为重要工作目标。中办、国办印发的《关于深化新时代学校思想政治理论课改革创新的若干意见》，就明确提出要针对"课堂教学效果还需提升，教材内容不够鲜活"等问题，"落实新时代思政课改革创新要求，不断增强思

① 习近平. 思政课是落实立德树人根本任务的关键课程 [J]. 求是，2020（17）：15.

政课的思想性、理论性和亲和力、针对性"①。2019 年教育部党组印发的《"新时代高校思想政治理论课创优行动"工作方案》也明确提出，要"培育一批优质教学资源，打造一大批内容准确、思想深刻、形式活泼的优质示范课堂""深入推进思政课思路创优、师资创优、教材创优、教法创优、机制创优、环境创优"②。

五、统筹推进大中小学思政课建设

习近平总书记深刻把握教书育人规律、思想政治工作规律和学生成长规律，从全局角度强调要把统筹推进大中小学思政课一休化建设作为一项重要工程，坚持问题导向和目标导向相结合，坚持守正和创新相统一，推动思政课建设内涵式发展。要针对不同学段，根据思想政治理论教育规律和学生成长规律科学设置具体教学目标，抓好教学目标设计、课程设置、教材编写、教学改革、教师培养、考核评价等环节，既不能揠苗助长、操之过急，又不能刻舟求剑、故步自封。课程设置要相对稳定，坚持大中小学纵向主线贯穿、循序渐进，各类课程横向结构合理、功能互补的原则，确保教材的政治性、科学性、时代性、可读性。2022 年 4 月，习近平总书记在中国人民大学考察时指出，要鼓励各地高校积极开展与中小学思政课

---

①　中共中央办公厅、国务院办公厅印发《关于深化新时代学校思想政治理论课改革创新的若干意见》［M］//中华人民共和国学校思想政治理论课重要文献选编．北京：人民出版社，2022：1529，1530.

②　中共教育部党组关于印发《"新时代高校思想政治理论课创优行动"工作方案》的通知［M］//中华人民共和国学校思想政治理论课重要文献选编．北京：人民出版社，2022：1537，1538.

共建，共同推动大中小学思政课一体化建设。2022 年 10 月，在党的二十大报告中，他强调要"用社会主义核心价值观铸魂育人，完善思想政治工作体系，推进大中小学思想政治教育一体化建设"。2024 年 5 月，习近平总书记对学校思政课建设做出重要指示，再次要求"深入推进大中小学思想政治教育一体化建设"①。

早在 2013 年，中办印发的《关于培育和践行社会主义核心价值观的意见》（简称《意见》）就指出，"构建大中小学有效衔接的德育课程体系和教材体系，创新中小学德育课和高校思想政治理论课教育教学，推动社会主义核心价值观进教材、进课堂、进学生头脑"②。《意见》延续了德育一体化构建的思路，从培育和践行社会主义核心价值观的角度对大中小学思政课程内容一体化提出要求。2014 年 3 月，教育部《关于全面深化课程改革落实立德树人根本任务的意见》从立德树人的高度引领课程全面改革，深刻剖析大中小学课程改革存在"整体规划、协同推进不够，与立德树人的要求还存在一定差距……高校、中小学课程目标有机衔接不够，部分学科内容交叉重复，课程教材的系统性、适宜性不强"的问题，并提出研究制订学生发展核心素养和学业质量标准、修订课程方案和课程标准、编写修订高校和中小学相关学科教材、改进学科教学的育人功能、加强考试招生和评价的育人导向、强化教师育人能力培养、

---

① 习近平对学校思政课建设作出重要指示强调 不断开创新时代思政教育新局面 努力培养更多让党放心爱国奉献担当民族复兴重任的时代新人 [N]. 人民日报，2024-05-12 (1).

② 关于培育和践行社会主义核心价值观的意见 [M]. 北京：人民出版社，2013：7.

完善各方参与的育人机制、实施研究基地建设计划、整合和利用优质教育教学资源、加强课程实施管理等十方面举措，整体规划育人各个环节改革，整合利用各种资源，共同促进各级各类学校学生全面发展、健康成长。① 2020 年 12 月，教育部印发《新时代学校思想政治理论课改革创新实施方案》，强调建立纵向各学段层层递进、横向各课程密切配合、必修课选修课相互协调的课程教材体系，实现课程目标、课程设置、课程教材内容的有效贯通。此外，教育部还专门成立大中小学思政课一体化建设指导委员会，在全国设立 32 个大中小学思政课一体化建设共同体，多措并举推进大中小学思政课一体化建设。

党的理论创新每前进一步，党的理论武装就要跟进一步。思政课不同于其他专业课程的很重要一点就是其政治性，而政治性最鲜明、最直接的体现就是必须在党的指导思想引领下发展。其中至少有两层含义：一是思政课建设必须接受党的指导思想的指导，必须随着党的指导思想的不断发展而随时调整培养目标、课程体系、主体内容、授课方式、队伍保障等；二是党的指导思想本身就是思政课课堂教学的主要内容，党的创新理论的最新成果，必然要及时、系统地进入教材和课堂，最终进入学生头脑。高校思政课改革创新的每一步，都离不开党的指导思想的引领；党的指导思想的每一次发展，也都成功引发了思政课的创新发展。

党的十八大以来，尤其是学校思想政治理论课教师座谈会召开

---

① 教育部关于全面深化课程改革落实立德树人根本任务的意见［M］//加强和改进大学生思想政治教育重要文献选编（1978—2014）.北京：知识产权出版社，2015：674.

五年多来，全党全社会集中破解制约思政课发展的重大核心问题，整体推进与重点突破并举，开创了思政课改革创新的新局面。面对国家要求和社会期待，思政课建设改革创新的使命之重、任务之重前所未有，高质量推进思政课建设具有极端紧迫性和极端重要性，关键是做到思想武装与理论发展相同步。从思政课建设的专业角度看，习近平新时代中国特色社会主义思想不仅是党和国家的指导思想，是强国建设、民族复兴的理论指引，也是最大的交叉学科，是中国特色哲学社会科学的最大增量，是中国自主知识体系建构的最大资源。面对新形势新任务，思政课建设必须始终坚持用习近平新时代中国特色社会主义思想铸魂育人这个主题主线，深化问题导向，把握内在规律，努力构建以习近平新时代中国特色社会主义思想为核心内容的课程体系、教材体系、学科体系，在新的起点上实现更高质量的发展。

第二章

政策环境不断完善
保障高校思政课改革创新

政策是国家、政党或者其他管理机构在一定历史时期为实现一定目标所制定的具体行动纲领、方针和准则。思政课政策是党和国家为加强思政课建设、实现思政课育人目标而制定的纲领和原则，主要以公文如通知、规定、意见、办法等形式呈现出来。思政课的政策环境不仅包含政策本身，更包含政策的执行度、执行效率和执行效果等方面。思政课建设是一项政治性、政策性很强的工作，思政课改革创新从根本上受到党和国家政策的深刻影响。

第一节　工作定位创新：从"边缘化"到"一把手工程"

当前，高校思政课的地位处于"高校第一课""一把手工程"的重要位置，但在思政课几十年的发展历程上并非一直如此。思政课从边缘化到受重视，再到"一把手工程"，经历了一个漫长曲折的发展过程。

一、高校思政课地位的初步确立

新中国成立初期，与经济上百废待兴相对应的是，大多数人的思想还停留在腐朽落后的旧社会，先进的、文明的、科学的思想体系还没有建立起来。面对培养新中国建设人才的需求，教育部门对高校课程进行了改革，提出，"随着帝国主义和封建买办的统治在中国宣告终结，中国旧教育的政治经济基础是基本上被摧毁了。代替这种旧教育的应该是作为反映新的政治经济的新教育，作为巩固和发展人民民主专政的一种斗争工具的新教育"。"我们中央和各级人民政府的教育工作，就是要推行这种教育，而以提高人民的文化水平，培养国家的建设人材，肃清封建的、买办的、法西斯主义的思想，发展为人民服务的思想为我们的主要任务。"[1] 可见，这一时期教育被放置于"巩固和发展人民民主专政的一种斗争工具"的地位。具体到思政课，则明确提出"废除政治上的反动课程，开设新民主主义的革命政治课程，借以肃清封建的、买办的、法西斯主义的思想，发展为人民服务的思想"[2]。由此初步奠定了高校思政课在人才培养尤其是思想政治教育方面的独特地位。1955 年 4 月，教育部门负责同志在讲话中还专门强调，"必须加强马克思主义理论教育""系统的马克思列宁主义理论教育是提高青年社会主义觉悟，培养青年辩证唯物主义世界观，培养青年共产主义道德和行为的基础""必须切实

---

① 马叙伦同志在第一次全国教育工作会议上的开幕词［M］//中华人民共和国学校思想政治理论课重要文献选编. 北京：人民出版社，2022：4.
② 骆郁廷. 高校思想政治理论课程论［M］. 武汉：武汉大学出版社，2006：54.

加强学校对马克思列宁主义理论教育的组织领导和教学领导，校长和副校长中必须有一人亲自领导马克思列宁主义教研组的工作"①。

思想政治工作是中国共产党的重要法宝和传统优势。得益于此，党在新中国成立初期就把对青年学生开展马克思主义理论教育放在重要地位，做出了专门安排，也明确了"政治理论课程是高等学校进行经常的、系统的政治思想教育最基本的形式"②，并对课程的主要组织形式和组织保障做了规定，充分体现了党对思想政治教育的重视。

二、高校思政课地位的动摇与重新确立

然而，从 1956 年开始，随着国际国内形势的快速发展变化，青年思想状况受到了一定干扰，出现一些波动。同时也冲击到高校思政课的正常发展。1956 年至 1966 年，高校思政课进入曲折发展阶段。"文化大革命"期间，学校思政课遭受严重冲击，原有课程体系遭到破坏，正常课堂教学基本停滞。

粉碎"四人帮"后，思政课重新受到重视，开始了快速恢复和发展时期。邓小平同志根据当时世界政治、经济形势的新变化，提出"和平和发展是当代世界的两大问题"③，并强调，"要把我们的军队教育好，把我们的专政机构教育好，把共产党员教育好，把人

---

① 关于高等学校的政治思想理论工作［M］//中华人民共和国学校思想政治理论课重要文献选编.北京：人民出版社，2022：238.
② 关于高等学校的政治思想理论工作［M］//中华人民共和国学校思想政治理论课重要文献选编.北京：人民出版社，2022：238.
③ 邓小平文选：第三卷［M］.北京：人民出版社，1993：104.

民和青年教育好"①。"思想政治工作和思想政治工作队伍都必须大大加强，决不能削弱。"②

　　1978年4月，教育部办公厅印发《关于加强高等学校马列主义理论教育的意见》，重新确立了高校思政课的地位、目标、任务，并对课程设置、队伍建设、教学方法等提出了明确要求。文件第一条专门强调"关于马克思主义理论在高等教育中的地位的认识问题"，指出"马列主义、毛泽东思想，是我们党和国家的指导思想和理论基础，是全党全军全国人民的行动指南。一切革命者都必须认真学习""马列主义理论课是社会主义各类高等学校的必修课；开设马列主义理论课，是新中国大学区别于旧中国大学，社会主义高等学校区别于资本主义高等学校的一个重要标志。教师必须教好，学生必须学好，各级领导必须管好"③。这就把思想政治理论课的"思想课""政治课""理论课""必修课"属性明确下来，并把课程的社会主义意识形态属性非常鲜明地体现出来。1984年9月，中宣部、教育部印发的《关于加强和改进高等院校马列主义理论教育的若干规定》还强调，"各级党委宣传部（或科教部）和教育部门必须充分认识马列主义理论课在高等教育中的重要地位和作用，切实加强领导，坚决纠正一切轻视马列主义理论课的错误倾向。任何把马列

---

① 邓小平文选：第三卷［M］.北京：人民出版社，1993：380.
② 中共中央文献研究室.十二大以来重要文献选编：中［M］.北京：人民出版社，1986：839.
③ 教育部办公厅关于加强高等学校马列主义理论教育的意见［M］//教育部社会科学司.普通高校思想政治理论课文献选编（1949—2008）.北京：中国人民大学出版社，2008：70.

主义理论课看成是'可有可无'，把学习马列主义理论同学习专业对立起来的观点，都是错误的"①。

江泽民同志把提高全体人民的思想道德素质和科学文化素质作为党始终代表中国先进生产力的发展要求必须履行的"第一要务"。党的十五届六中全会通过的《中共中央关于加强和改进党的作风建设的决定》强调，"加强马克思主义理论学习，努力掌握和运用马克思主义的立场、观点、方法，始终是全党一项重要的政治任务"②。2004年8月，中共中央、国务院《关于进一步加强和改进大学生思想政治教育的意见》明确提出："高等学校思想政治理论课是大学生思想政治教育的主渠道。思想政治理论课是大学生的必修课，是帮助大学生树立正确世界观、人生观、价值观的重要途径，体现了社会主义大学的本质要求。"2005年1月，胡锦涛同志在全国加强和改进大学生思想政治教育工作会议上发表重要讲话，把大学生思想政治教育工作放在"确保实现全面建设小康社会、进而实现现代化的宏伟目标，确保实现中华民族的伟大复兴"的高度来把握，强调"高校是培养人才的重要基地，必须把培养中国特色社会主义事业的建设者和接班人作为根本任务。办好高校，首先要解决好培养什么人、如何培养人这个根本问题"。2005年2月，中宣部、教育部《关于进一步加强和改进高等学校思想政治理论课的意见》，再次强调：

---

① 中共中央宣传部、教育部关于印发《关于加强和改进高等院校马列主义理论教育的若干规定》的通知［M］//教育部社科司.普通高校思想政治理论课文献选编（1949—2008）.北京：中国人民大学出版社，2008：95.

② 中共中央文献研究室.十五大以来重要文献选编：下［M］.北京：人民出版社，2003：2001，2002.

"高等学校思想政治理论课承担着对大学生进行系统的马克思主义理论教育的任务，是对大学生进行思想政治教育的主渠道。充分发挥思想政治理论课的作用，用马克思列宁主义、毛泽东思想、邓小平理论和'三个代表'重要思想武装当代大学生，是党的教育方针的具体体现，是社会主义大学的本质特征，是党和国家事业长远发展的根本保证。"①

"文化大革命"后，高校思政课在纠正错误思想、培养青年学生等方面的重要作用持续受到重视，"理论武装"的重要作用和"主渠道"的重要地位越发得到明确和巩固。

三、重要地位与现实处境的不相符

然而，与思政课重要地位不相匹配的是其在现实中的"边缘化"处境。不少当时从事思政课教学和管理的人会用"上热中温下凉"来形容思政课的现实处境。也就是党中央和国家层面高度重视思政课，十分强调思政课的重要性；但在各地教育部门就已经有所降温，对思政课重视力度稍弱，管理和保障力度不足；到了高校就只剩下"口头上重视"，无论从学科建设、教学安排、队伍建设、资源保障等各方面都没有得到足够重视，思政课实际上被"边缘化"。2005年2月，中宣部、教育部印发《关于进一步加强和改进高等学校思想政治理论课的意见》，还专门指出高校思政课存在"学科建设基础

---

① 中共中央宣传部、教育部关于进一步加强和改进高等学校思想政治理论课的意见 [M] //教育部社会科学司. 普通高校思想政治理论课文献选编（1949—2008）. 北京：中国人民大学出版社，2008：213.

比较薄弱，课程内容重复，教材质量参差不齐，教学方式方法比较单一，教学的针对性、实效性不强。教师队伍数量不足，素质有待提高，优秀中青年学术带头人缺乏。一些学校不同程度地存在认识不足、重视不够、管理不到位的情况"①。这应该是对当时思政课面临的现实处境的客观反映。

甚至到 2010 年，还有学者专门发表文章讨论高校思政课教学被"边缘化"的问题，指出有的大学校长"对思想政治理论课教学的重要性挂在嘴边，要检查时是十分重要，而在日常的思想政治理论课的教学中就忘记了还有一个思想政治理论课……"，长期存在"教学科研两张皮""教书育人两张皮""科研硬""教书软""教学硬""育人软"等问题。② 实际上，直到 2017 年，都还有个别学者在讨论高校思政课"边缘化"问题，列出了"专职教师课程安排的边缘化""兼职教师队伍的边缘化""教学班级安排的边缘化""实践教学的边缘化""学生学习动力的边缘化"等问题。③

习近平总书记从政治高度敏锐洞察这一状况，深刻指出，在对待坚持以马克思主义为指导问题上，绝大部分同志认识是清醒的、态度是坚定的。同时，也有一些同志对马克思主义理解不深、理解不透，在运用马克思主义立场、观点、方法上功力不足、高水平成

① 中共中央宣传部、教育部关于进一步加强和改进高等学校思想政治理论课的意见［M］. 教育部社会科学司. 普通高校思想政治理论课文献选编（1949—2008）. 北京：中国人民大学出版社，2008：214.

② 张建南. 思想政治课教学边缘化的问题对策［J］. 学校党建与思想教育，2010（10）：51.

③ 张喜顺. 边缘化：高校思政课的现实困境与对策［J］. 高教学刊，2017（24）：61.

果不多，在建设以马克思主义为指导的学科体系、学术体系、话语体系上功力不足、高水平成果不多。社会上也存在一些模糊甚至错误的认识。有的认为马克思主义已经过时，中国现在搞的不是马克思主义；有的说马克思主义只是一种意识形态说教，没有学术上的学理性和系统性。实际工作中，在有的领域中马克思主义被边缘化、空泛化、标签化，在一些学科中"失语"、教材中"失踪"、论坛上"失声"。这种状况必须引起我们高度重视。①

从党和国家角度，思政课是培养中国特色社会主义事业合格建设者和可靠接班人的关键课程，涉及中国特色社会主义事业后继有人的根本性问题，地位极端重要，必须高度重视。但一些地方教育部门和高校对此缺乏清醒认识，把思政课等同于一般专业课程，仅从学科评估、成果产出等方面着眼，导致思政课很长一段时间处于"边缘化"地位，在学校得不到重视，没有专门的教学科研机构，队伍不健全不完善，思政课教师地位不高，职业荣誉感不强，课堂教学必然受到影响，育人效果不尽如人意。

四、高校思政课地位的根本性扭转

党的十八大后，高校思政课的状况得到根本改善。习近平总书记高度重视、亲自部署、亲自推动，是全党全社会观念认识整体性变革的决定性力量。习近平总书记把办好思政课放在世界百年未有之大变局、党和国家事业发展全局中来看待，从坚持和发展中国特

---

① 习近平. 在哲学社会科学工作座谈会上的讲话 [N]. 人民日报，2016-05-19 (2).

色社会主义、建设社会主义现代化强国、实现中华民族伟大复兴的高度来对待。党中央先后召开全国高校思想政治工作会议、全国教育大会、学校思想政治理论课教师座谈会、新时代学校思政课建设推进会等重要会议。习近平总书记多次就高校思政课建设提出要求，并前往北京大学、南开大学、中国人民大学等高校马克思主义学院考察。在全国高校思想政治工作会议上，习近平总书记强调，思政课要坚持在改进中加强、在创新中提高，及时更新教学内容、丰富教学手段，不断改善课堂教学状况，防止形式化、表面化。在学校思想政治理论课教师座谈会上，习近平总书记指出，"思政课是落实立德树人根本任务的关键课程，思政课作用不可替代，思政课教师队伍责任重大"①。在中国人民大学考察时，他深刻强调"思政课的本质是讲道理，要注重方式方法，把道理讲深、讲透、讲活"②。在看望参加全国政协十三届四次会议的医药卫生界、教育界委员时，他亲切嘱托"'大思政课'我们要善用之，一定要跟现实结合起来"③。习近平总书记关于思政课建设的深邃思考、战略眼光和底线思维为全党凝聚共识、统一认识提供了重要指引。全社会普遍认识到，思政课已经不单纯是一门课程，而是承载着为党育人、为国育才使命的重大政治任务。办好思政课是党领导教育工作的重中之重，是社会主义大学的首要任务。

---

① 习近平. 思政课是落实立德树人根本任务的关键课程 [J]. 求是, 2020 (17): 4.
② 习近平在中国人民大学考察时强调 坚持党的领导传承红色基因扎根中国大地 走出一条建设中国特色世界一流大学新路 [N]. 人民日报, 2022-04-26 (1).
③ "'大思政课'我们要善用之"（微镜头·习近平总书记两会"下团组"·两会现场观察）[N]. 人民日报, 2021-03-07 (1).

在这一共识推动下，党和国家有关部门出台了一系列政策文件推动思政课建设。2019 年 8 月，中办、国办印发了《关于深化新时代学校思想政治理论课改革创新的若干意见》，强调"教育是国之大计、党之大计，承担着立德树人的根本任务。思政课是落实立德树人根本任务的关键课程，发挥着不可替代的作用""思政课建设只能加强、不能削弱，必须切实增强办好思政课的信心，全面提高思政课质量和水平"①。在此基础上，中宣部、教育部等部门相继出台了《新时代高等学校思想政治理论课教师队伍建设规定》《新时代高等学校思想政治理论课建设标准（2021 年本）》等指导性文件，把办好思政课摆上重要议程，推动思政课建设成为学校党的建设工作考核、办学质量和学科建设重要评估标准，推动牢固树立思政课建设是马克思主义学院第一要务的立院导向，全方位彰显立德树人关键课程的地位和作用。

第二节　课程体系创新：对"05 方案"的创新完善

课程体系是指在一定的教育价值理念指导下，将课程的各个构成要素加以排列组合，使各个课程要素在动态过程中统一指向课程体系目标实现的系统。具体体现为同一专业不同课程门类按照一定逻辑顺序进行排列，是教学内容和进程的总和，课程门类排列顺序

---

① 中共中央办公厅、国务院办公厅印发《关于深化新时代学校思想政治理论课改革创新的若干意见》［M］//中华人民共和国学校思想政治理论课重要文献选编．北京：人民出版社，2022：1529，1530.

决定了学生通过学习将获得怎样的知识结构。课程体系是育人活动的指导思想，是培养目标的具体化和依托，它规定了培养目标实施的规划方案。高校思政课课程体系的建设和发展，一方面是我国社会主义建设实践发展的深刻反映，另一方面是马克思主义中国化时代化理论成果的集中体现。

一、高校思政课课程体系的初步确立

从新中国成立到 1985 年，我国高校思想政治理论课程的教学内容一直处于变化之中，但课程体系的基本结构相对固定。

新中国成立初期，高校思政课如何设置还处于摸索阶段。1949年 10 月，华北人民政府高等教育委员会对华北地区专科以上学校的思政课做出规定，要求各年级均必修：辩证唯物论与历史唯物论（包括社会发展史），第一学期学完，每周 3 小时，共 3 学分；新民主主义论（包括近代中国革命运动史），第二学期学完，每周 3 小时，共 3 学分；文、法、教育（或师范）学院毕业班学生还必修政治经济学，每周 3 小时，一年学完，共 6 学分。① 这种课程体系，一是展示了思政课的必修课属性，二是从理论与历史两个维度确立了思政课课程体系的整体框架，为后续思政课课程体系的建设和发展奠定了一定基础。

1950 年，教育部又对华北地区高校政治课教学提出要求，针对

---

① 华北专科以上学校一九四九年度公共必修课过渡时期实施暂行办法［M］//教育部社会科学司. 普通高校思想政治理论课文献选编（1949—2008）. 北京：中国人民大学出版社，2008：2.

"有的学校对政治思想教育的方针与学习社会发展史的目的，未能很好结合，没有明确提出通过学习社会发展史所要达到的目的"，导致"在教学中因方针不明确而发生偏差，或失去重点，以致影响教学工作"，强调"应规定学习社会发展史的目的，即是：通过社会发展规律的学习，树立劳动观点、群众观点和阶级观点以改造思想，首先是肃清封建的、买办的、法西斯主义的思想，树立为人民服务的思想"。同时明确"在社会发展史学习过程中，应灵活适当地在系统理论的基础上结合'反帝'（尤其是美帝）、'土改'、'五爱'三重点进行教学，并指出要树立的和批判的思想，避免平列讲授而忽略学生存在的主要的错误思想"[①]。可以看到，此时对理论和历史的讲授已经开始注意结合现实维度。1951 年，教育部针对华北地区高等学校思政课再次做出规定，"为了纠正政治课与业务课对立的错误认识和只有政治课才是进行思想政治教育的课目的不正确看法，'政治课'一名称应予取消，'社会发展史'一课目应增授'辩证唯物论'部分，改为'辩证唯物论与历史唯物论'，与'新民主主义论'及'政治经济学'同为独立的课目"[②]。

1952 年 10 月，教育部经过全国尤其是华北地区高校思政课三年建设的试点与经验总结，对全国高等学校马克思列宁主义、毛泽东思想课程做出规定：（一）综合性大学及财经艺术等学院应依照第

---

① 教育部关于华北区各高等学校本学期政治课教学计划的几点指示［M］//中华人民共和国学校思想政治理论课重要文献选编. 北京：人民出版社，2022：71.

② 教育部关于华北区各高等学校 1951 年度上学期进行"辩证唯物论与历史唯物论"等课教学工作的指示［M］//中华人民共和国学校思想政治理论课重要文献选编. 北京：人民出版社，2022：114.

一、二、三年级次序分别开设"新民主主义论""政治经济学"及"辩证唯物论与历史唯物论",工、农、医等专门学院依照第一、二年级次序分别开设"新民主主义论"及"政治经济学"。(二)三年的专科学校开设课程及先后次序与工、农、医等专门学院相同,二年的专科学校不修"政治经济学",二年的专修科第一年级及一年的专修科均修"新民主主义论",二年以上财经性质的专科学校或专修科第一年级可同时开设"政治经济学"。(三)各类型高等学校及专修科(一年的专修科除外)准备自1953年度起开设"马列主义基础",学习时数与"政治经济学"相同。(四)"新民主主义论""政治经济学"及"辩证唯物论与历史唯物论"各为一学年的课程,在讲授"新民主主义论"前两周或三周应增加关于"新民主主义论教学目的"的学习,以端正学生的学习态度。① 文件十分明确而又具体地规定了高等学校思想政治理论课的课程内容,包括课程门数、学时及其讲授的次序等。这一规定的发布,标志着我国高等学校思政课课程体系的初步确立。

1953年2月,针对部分地区和高等学校对明确马列主义基础开设时间的需求,高等教育部发出通知,明确各类型高等学校及专修科(一年的专修科除外)自1953年起,有条件者即在二年级开设马列主义基础,政治经济学改为3年以上各类型高等学校的三年级必

---

① 教育部关于全国高等学校马克思列宁主义、毛泽东思想课程的指示 [M] //中华人民共和国学校思想政治理论课重要文献选编. 北京:人民出版社,2022:165.

修课程。① 1953 年 6 月，考虑到高中开设的"共同纲领"与"新民主主义论"的政策部分有重复，且影响新民主主义革命史部分的充分讲授，同时"新民主主义论"的经济部分又与"政治经济学"的新民主主义经济部分重复，决定将高等学校一年级开设的"新民主主义论"一律改为"中国革命史"，讲授、课堂讨论和自学时数不变。② 1954 年 7 月，高等教育部鉴于工、农、医二年级专修科开设"马列主义基础"课程有困难，特别规定工、农、医科的二年制（医科为二年半或三年制）专修科从 1954 年至 1955 学年度起，停设"马列主义基础"，改设"社会主义经济建设"，以"联共（布）党史简明教程"九至十二章为中心内容，结合"为动员一切力量把我国建设成为一个伟大的社会主义国家而斗争"进行教学。③

1956 年 9 月，高等教育部印发《关于高等学校政治理论课程的规定（试行方案）》，综合了新中国成立以来高等学校思想政治理论课程开设的历史经验，确定高校普遍开设的政治理论课程必修课为四门：马列主义基础，历史系为业务课，其他系科都开，学时分 102 与 68 两种；中国革命史，历史系为业务课，其他系科都开，学时分 136 与 102 两种；政治经济学，部分财经院校及综合性大学各

---

① 高等教育部关于确定马列主义基础自 1953 年度起为各类型高等学校及专修科（二年以上）二年级必修课程的通知［M］//何东昌．中华人民共和国重要教育文献（1949—1975）．海口：海南出版社，1998：192.

② 高等教育部关于改"新民主主义论"为"中国革命史"及"中国革命史"的教学目的和重点的通知［M］//教育部社会科学司．普通高校思想政治理论课文献选编（1949—2008）．北京：中国人民大学出版社，2008：16.

③ 高等教育部关于工、农、医二年制专修科二年级开设政治理论课程的通知［M］//教育部社会科学司．普通高校思想政治理论课文献选编（1949—2008）．北京：中国人民大学出版社，2008：18.

财经系科为业务课，部分特定院校和系科不开，其他系科都开，学时分 136 与 68 两种；辩证唯物主义和历史唯物主义，哲学系为业务课，部分系科不开或设选修，其他系科都开，学时分 102 与 68 两种。同时对开课顺序做了规定，一年级开设马列主义基础课，二年级开设中国革命史，三年级开设政治经济学，四年级开设辩证唯物主义与历史唯物主义。① 这一规定，明确了各门课程的学时、顺序、讲授与课堂讨论的比例、考试与考查的方式、专科学校和本科学校政治理论课的区别等，标志着高校思想政治理论课的体系基本确立。如果严格来算，可将这一规定所确立的课程体系称为"56 方案"。

二、高校思政课课程体系的曲折发展

社会主义建设时期，由于受"大跃进"和坚持以阶级斗争为纲的"左"的指导思想的影响，高校思政课建设走了很多弯路，经历了很多曲折。经过 1957 年的反右派斗争，根据当时形势发展的需要，高校停开了原来的思想政治理论课，改为开设"社会主义教育"课程。这一课程学习时间原来暂定为 1 学年。每周时间规定为 8 小时（课内时间不得少于 4 小时），必要时利用时事政策学习和党团活动的时间，社会科学系科可适当增加时间。② 后来由于"大跃进"的发生，这一状况一直延续到 1959 年。1959 年以后，原来的思想政

---

① 关于高等学校政治理论课程的规定（试行方案）[M] //何东昌. 中华人民共和国重要教育文献（1949—1975）. 海口：海南出版社，1998：681.

② 高等教育部、教育部关于在全国高等学校开设社会主义教育课程的指示 [M] //何东昌. 中华人民共和国重要教育文献（1949—1975）. 海口：海南出版社，1998：789.

治理论课逐步恢复。①

　　1961 年 7 月，教育部针对 1961—1962 学年度高等学校共同政治理论课安排印发通知，提出"高等学校共同政治理论课程包括：1. 马克思列宁主义基础理论；2. 形势和任务。马克思列宁主义基础理论课程开设的门数和学时，在不同年制的学校、不同专业应该有所不同。文科各专业一般设四门：中共党史、马克思列宁主义基础（主要学习毛泽东同志的政治学说）、政治经济学、哲学；理、工、农、医各专业和艺术、体育院校一般设两门：中共党史、马克思列宁主义概论（包括马克思主义三个组成部分）；专科学校一般设一门：马克思列宁主义概论。形势和任务课为各专业、各年级的必修课程（主要内容是讲解国内外形势、党和国家的任务、方针、政策）"。同时规定"政治理论课程课堂教学时数（不包括自习）：在文科各专业，一般不超过课堂教学总时数的 20%，在理、工、农、医各专业，一般不超过课堂教学总时数的 10%。其中形势和任务课的课堂教学时间，一般平均每周为一至二学时"②。这一时期的政治理论课是哲学、政治经济学、中共党史、思想政治教育报告。1964 年 10 月，中央宣传部、高等教育部党组、教育部临时党组联合印发《关于改进高等学校、中等学校政治理论课的意见》，强调"政治理论课必须以毛泽东思想为指针，把宣传毛泽东思想作为最根本的任

---

① 顾海良. 高校思想政治理论课程建设研究［M］. 北京：经济科学出版社，2009：72.

② 教育部关于 1961—1962 学年度上学期高等学校共同政治理论课安排的几点意见［M］//教育部社会科学司. 普通高校思想政治理论课文献选编（1949—2008）. 北京：中国人民大学出版社，2008：42.

务，把毛主席著作作为最基本的教材。改进课程和教材，必须坚决贯彻'少而精'"，明确"今后，高等学校共同政治理论课，除继续开设'形势与任务'课外，设置'中共党史''哲学''政治经济学'等课程"①。

"文化大革命"期间，我国的高等教育事业一度遭到严重破坏，思想政治理论课建设也同样受到严重影响，"以阶级斗争为纲"和"坚持无产阶级专政条件下继续革命的理论"成为高等学校政治理论课的主要内容。

三、高校思政课的恢复与重建：从"78方案"到"85方案"

1978年12月党的十一届三中全会的召开，开始了新中国成立以来中国共产党历史上具有深远意义的伟大转折。经过批评"两个凡是"和拨乱反正，重新确立了马克思主义的实事求是的思想路线、政治路线和组织路线，抛弃了以阶级斗争为纲的错误做法，转向以经济建设为中心，从此使我们的国家进入了改革开放的新的历史时期。高校思想政治理论课也经过了一个拨乱反正、恢复重建的过程并逐步呈现出了新形势和新局面。

1978年4月，教育部办公厅印发的《关于加强高等学校马列主义理论教育的意见》（简称《意见》）明确提出，高等学校要开设辩证唯物主义与历史唯物主义、政治经济学、中国共产党党史和国

---

① 中共中央宣传部、高等教育部党组、教育部临时党组关于改进高等学校、中等学校政治理论课的意见［M］//中华人民共和国学校思想政治理论课重要文献选编. 北京：人民出版社，2022：361.

际共产主义运动史四门课，但同时也指出："关于马列主义课的设置和学时问题，一般认为，今后高等学校应开设哲学、政治经济学和中共党史，理、工、农、医专业有条件的还应开设自然辩证法。文科应另加国际共产主义运动史。""对各门马克思主义理论课开设的顺序问题，一般是党史、政治经济学、哲学、共运史。""理论课的学时问题，应根据专业性质和学制长短确定。理、工、农、医专业的理论课，一般占教学计划总学时的10%；文科专业一般应占20%左右。"①《意见》的颁布标志着在新的历史条件下，高校思想政治理论课程得到全面恢复，这一方案可以称为"78方案"。

1979年，教育部政治理论教育司对当时高等学校政治理论课的基本情况和存在问题进行了分析。指出："现在，高校公共政治理论课，一年级设'中共党史'，二年级设'政治经济学'，三年级设'哲学'，文科四年级另设'国际共产主义运动史'。"② 1980年7月，教育部印发《改进和加强高等学校马列主义课的试行办法》（简称《试行办法》），总结了新中国成立30年来高校思想政治理论课建设的历史经验，对高等学校马列主义课的地位和任务，教学方针，课程、学时、大纲和教材，教学制度、教学环节和教学方法，研究与教学，教研室设置和任务，教师队伍建设，领导体制等做了全面、系统的规定。《试行办法》规定："在目前，全国高校本科开

---

① 教育部办公厅关于加强高等学校马列主义理论教育的意见［M］//教育部社会科学司. 普通高校思想政治理论课文献选编（1949—2008）. 北京：中国人民大学出版社，2008：71，72.

② 高等学校政治理论课的基本情况和存在问题［M］//教育部社会科学司. 普通高校思想政治理论课文献选编（1949—2008）. 北京：中国人民大学出版社，2008：76.

设中共党史、政治经济学、哲学。文科专业加开国际共产主义运动史，也可试开科学社会主义。"① 1981 年，教育部还就开设自然辩证法方面课程提出指导意见，认为"自然辩证法方面的课程，有条件的，可以列为高等学校有关专业本科生的选修课。所需学时不包括在马列主义理论课教学时间内"②。

1984 年 9 月，中宣部、教育部印发《关于加强和改进高等院校马列主义理论教育的若干规定》（简称《若干规定》），提出要在全国高等院校增设"中国社会主义建设基本问题"课程。《若干规定》还明确提出马列主义公共理论课的教学时数：文科四年制本科（含艺术院校的理论、创作、编导专业）一般占总学时的 20%左右，每门课程最低不少于 105 学时；四年制外语专业按文科开设马列主义的各门课程，每门最低不少于 80 学时；理、工、农、医等四年制本科和艺术院校的技巧、表演专业占总学时的 10%左右，每门课最低不少于 70 学时；五年制和六年制本科，要相应地增加学时。自习与课堂教学时间的比例为 1∶1，要列入课程表，由任课教师掌握。任何学校和个人都不能任意减少和侵占马列主义理论课的时间。③

同样是在 1984 年 9 月，通过 1982 年以来部分高校的实践探索，

---

① 教育部关于印发《改进和加强高等学校马列主义课的试行办法》的通知［M］//教育部社会科学司．普通高校思想政治理论课文献选编（1949—2008）．北京：中国人民大学出版社，2008：87.
② 教育部关于开设自然辩证法方面课程的意见［M］//教育部社会科学司．普通高校思想政治理论课文献选编（1949—2008）．北京：中国人民大学出版社，2008：91.
③ 中共中央宣传部、教育部关于印发《关于加强和改进高等院校马列主义理论教育的若干规定》的通知［M］//教育部社会科学司．普通高校思想政治理论课文献选编（1949—2008）．北京：中国人民大学出版社，2008：96.

教育部印发《关于高等学校开设共产主义思想品德课的若干规定》，对共产主义思想品德课的任务、内容、教学原则、学时、考核、队伍建设、教学机构等做出明确规定，指出课程"一般以在低年级开两学年为宜"，"思想品德课和形势与政策教育，平均每周共两学时"①。

1985 年 8 月，中共中央发出《关于改革学校思想品德和政治理论课教学的通知》（简称《通知》），开启了高等学校思想政治理论课程的又一次改革。《通知》指出："为了适应我国社会主义现代化建设的需要，适应现代科学技术和现代经济政治的巨大发展变化，适应新时期青少年心理发展的具体状况，以及各方面改革的需要，我国现行的以马克思主义为指导的思想品德和政治理论课的课程设置、教学内容和教学方法也必须进行认真的改革。"《通知》明确了高等学校思想政治理论课的主要内容和要求："进行以中国革命史为中心的历史教育，使学生了解具有悠久的历史文化传统的中国，是怎样根据历史的必然走上以共产党为领导力量的社会主义道路的；进行马克思主义基本理论的教育，使学生了解马克思主义的哲学、历史学、经济学、政治学和科学社会主义等基本理论观点的历史渊源、主要内容和现代发展（包括在中国的运用和发展）；同时有分析有比较地介绍当代其他各种社会思潮，对错误的思潮要有分析地进行充分说理的批评，培养学生运用马克思主义对这些思潮进行鉴别和分析的能力；进行中国社会主义建设和改革的理论、政策和实际

---

① 教育部关于高等学校开设共产主义思想品德课的若干规定［M］//何东昌. 中华人民共和国重要教育文献（1949—1975）. 海口：海南出版社，1998：2217.

知识的教育，使学生了解我国党和人民正在进行的有世界意义的伟大事业与青年一代的密切关系和崇高责任。在进行上述各项教育中，要适时地穿插各种契合学生需要的时事教育、文学艺术教育和课外活动，激发学生为社会主义伟大事业而奋斗的献身精神。还应向学生介绍当代世界政治经济的基本状况、国际关系的基础知识，帮助学生开阔视野，使他们在对外开放的环境下有坚定的立场和较强的适应能力。"①

1986 年 3 月，国家教育委员会印发《关于在高等学校进一步贯彻〈中共中央关于改革学校思想品德和政治理论课教学的通知〉的意见》，提出"从 1986 年起，用三至五年时间进行政治理论课教学改革工作，逐步开设出新的课程"，分别是"中国革命史""中国社会主义建设""马克思主义原理""世界政治经济与国际关系"。同时强调，"理工农医院校政治理论课的学时总计应不少于 210 学时"②。由此，"85 方案"的雏形显示出来，成为影响时间较长的一种课程体系。

1986 年 7 月，中宣部、教育部发布通知，要求对高等学校学生

---

① 中共中央关于改革学校思想品德和政治理论课程教学的通知 ［M］//教育部社会科学司. 普通高校思想政治理论课文献选编（1949—2008）. 北京：中国人民大学出版社，2008：107.
② 国家教育委员会关于在高等学校进一步贯彻《中共中央关于改革学校思想品德和政治理论课程教学的通知》的意见 ［M］//教育部社会科学司. 普通高校思想政治理论课文献选编（1949—2008）. 北京：中国人民大学出版社，2008：110.

"有针对性地进行形势政策教育"①，并转发了《最近时期的中日关系》《中日贸易现状及展望》等形势政策材料。形势政策教育与当时的思想政治理论课并行不悖。1986年9月，国家教委又发布《关于在高等学校开设法律基础课的通知》，要求在"中国社会主义建设"课中讲授"社会主义民主与法制"部分，约为6学时；同时利用形势任务教育时间开设法律基础知识专题讲座，可以集中在一个学期，也可集中与分散相结合，共30学时左右。② 1987年3月，针对资产阶级自由化思潮对学生思想的影响，国家教委强调"高等学校的马克思主义理论教育必须加强，决不能削弱"，"积极、稳妥地进行课程设置和教学内容的改革"，"理工农医专业四年制的本科马克思主义理论课，以三门课学习三年、每周按两学时计算，仍需210学时，占教学计划总学时的9%左右。一般文科专业（包括外语专业）四年制本科马克思主义理论课，以四门课学三年、每周按三学时计算，仍需315学时，占教学计划总学时的13%左右……二年制、三年制大专学生马克思主义理论课（公共课）的学时，分别为70学时和140学时"③。

1987年10月，国家教育委员会《关于高等学校思想教育课程建

---

① 中共中央宣传部、国家教育委员会关于对高等学校学生深入进行形势政策教育的通知［M］//中华人民共和国学校思想政治理论课重要文献选编.北京：人民出版社，2022：646.

② 国家教育委员会关于在高等学校开设法律基础课的通知［M］//何东昌.中华人民共和国重要教育文献（1949—1975）.海口：海南出版社，1998：2491.

③ 国家教育委员会关于进一步改革高等学校马克思主义理论课（公共课）教学的意见［M］//教育部社会科学司.普通高校思想政治理论课文献选编（1949—2008）.北京：中国人民大学出版社，2008：120.

设的意见》（简称《意见》）提出，"几年来的实践经验证明，针对学生普遍关心的形势、政策、人生、理想、道德、民主、法制、纪律等方面的问题，有计划地开设一些思想教育课程，在时间上、制度上加以保证，是必要的"。《意见》规定设置如下五门课程："形势与政策"（每学期均开设，时数根据需要由各校自行安排）、"法律基础"（30学时）两门为必修课，"大学生思想修养"（一年级实施）、"人生哲理"（二年级实施）、"职业道德"（三年级实施）三门课可因校制宜有选择地开设。各校开设思想教育课程的总学时不要超过288学时。除"形势与政策"外，其他几门课程的教学时数不宜多，每门课可适当集中安排。① 这一《意见》体现了两个信息：一是规定了高等学校思想政治理论课的总学时不超过288；二是正式确立了思想品德课程的思想政治理论课地位。思想品德课程的出现，适应了改革开放以来高校思想政治理论教育出现的新形势，弥补了高校思想政治理论的缺陷，发挥了广大一线思想政治工作者的积极性、主动性，为高校思想政治理论课程的发展开辟了新的充满活力的领域。1988年5月，国家教育委员会又对高等学校的"形势与政策"课提出要求，对课程的性质和任务、教学内容、教学原则、教学安排、师资、教材、经费等做出规定。②

1991年8月，国家教委印发《关于加强和改进高等学校马克思

---

① 国家教育委员会印发《关于高等学校思想教育课程建设的意见》的通知［M］//中华人民共和国学校思想政治理论课重要文献选编. 北京：人民出版社，2022：711.

② 国家教育委员会关于高等学校开设《形势与政策》课的实施意见［M］//教育部社会科学司. 普通高校思想政治理论课文献选编（1949—2008）. 北京：中国人民大学出版社，2008：136，137.

主义理论教育的若干意见》，指出"提高对马克思主义理论教育重要作用的认识，把马克思主义理论教育放在学校教育的重要位置"，强调"对青年学生进行马克思主义理论教育，是由社会主义高等教育的性质和办学宗旨所决定的，是社会主义教育区别于资本主义教育的根本标志之一"。同时指出，"为保证马克思主义理论教育任务的完成和教学内容改革的深入进行，课时应作适当增加。四年制本科课时，文科类为 350 学时，理工农医类为 280 学时，大学专科二年制文理科均为 140 学时，三年制均为 210 学时（以上均不含时事政策学习和德育课程学时）"，并且强调"上述规定的课时必须予以保证，任何学校和个人都不得以任何理由为借口任意减少或挪用马克思主义理论课的课时"①。

从新中国成立初期一直到 1990 年前后，高等学校思想政治理论课的课程体系经历了很大变化，但其中也有相对稳定的内容：马克思主义基本原理的核心内容、马克思主义中国化成果、中国共产党的历史。同时，随着形势发展和人们对思想政治教育规律认识的不断深化，高校思想政治理论课体系也不断完善。可以肯定的是，每一次课程体系的调整都与时代发展有关，也都对当时的人才培养起到了至关重要的作用，也为此后高校思想政治理论课程体系的发展积累了经验。

1993 年 6 月，国家教委思政司在中国矿业大学召开了"新形势下思想政治教育课程建设座谈会"，座谈会回顾和总结了十多年来高

---

① 国家教育委员会关于加强和改进高等学校马克思主义理论教育的若干意见
[M] //教育部社会科学司. 普通高校思想政治理论课文献选编（1949—2008）.
北京：中国人民大学出版社，2008：140.

校思想政治教育课程建设的基本经验，分析和研究了当前思想政治教育课程建设遇到的新情况和新问题，对如何适应新形势的要求，积极改革，进一步加强思想政治教育课程建设的问题进行了初步探讨。座谈会提出，"十多年来，在各级党政教育部门的领导下，在高校领导和有关部门的支持下，通过广大思想政治教育课教师的努力，思想政治教育课已同马克思主义理论课一起成为高校学生思想政治教育的主阵地、主渠道，成为高校德育的重要组成部分，在培养社会主义建设者和接班人的事业中日益发挥重要作用"①。从这时开始，"两课"并行的态势已经形成。

1993年8月，中共中央组织部、中共中央宣传部、国家教育委员会《关于新形势下加强和改进高等学校党的建设和思想政治工作的若干意见》正式将"马克思主义理论课和思想政治教育课"简称为"两课"。并明确提出："马克思主义理论课和思想政治教育课是学生思想政治教育的主渠道，是社会主义学校的本质特征之一。加强和改进'两课'教育是摆在我们面前的一项紧迫任务。'两课'要贯彻理论联系实际的方针和'少而精''要管用'的原则，以增强说服力和有效性为目标，以改进教学内容和方法为重点，注意相辅相成，深入进行教学改革。"②

1994年8月，《中共中央关于进一步加强和改进学校德育工作的

---

① 新形势下思想政治教育课程建设座谈会纪要［M］//中华人民共和国学校思想政治理论课重要文献选编. 北京：人民出版社，2022：816.

② 中共中央组织部、中共中央宣传部、国家教育委员会《关于新形势下加强和改进高等学校党的建设和思想政治工作的若干意见》［M］//何东昌. 中华人民共和国重要教育文献. 海口：海南出版社，1998：3546.

若干意见》印发，将"两课"的规范称呼修改为"学校政治理论课"和"思想品德课"，强调"学校政治理论课和思想品德课是系统地对学生进行马克思主义理论教育和品德教育的主渠道和基本环节"。这是首次以中央文件的形式，明确了高校思想政治理论课的"主渠道"地位。①

1995年10月，国家教育委员会印发《关于高校马克思主义理论课和思想品德课教学改革的若干意见》，再次强调了"两课"教学的重要意义，指出："对青年学生系统进行马克思主义基本理论教育和思想品德教育，是社会主义大学的本质特征之一。高校'两课'是高校思想理论教育的主要渠道和主要阵地，是每个大学生的必修课程，'两课'教学为培养德、智、体等方面全面发展的社会主义事业的建设者和接班人，发挥了不可替代的功能和重要的作用。"《意见》还对"两课"教学的课程体系做出规定："四年制本科马克思主义理论教育仍设置马克思主义基本原理课程、有中国特色社会主义建设课程、中国革命历史课程；思想品德教育仍设置思想道德修养课程、法律基础课程和形势与政策教育课程。文科类专业还应开设世界政治经济与国际关系课程，有条件的理工农医院校和专业可列入选修课。还应有针对性地进行职业道德方面的教育。""二年制和三年制大专，应分别各开设二至三门马克思主义理论教育课程和思想品德教育课程。"同时，为了与实行每周五天工作制的教学计划相适应，对"两课"的教学时数做了适当调整："四年制本科马克

---

① 中共中央关于进一步加强和改进学校德育工作的若干意见［M］//何东昌.中华人民共和国重要教育文献.海口：海南出版社，1998：3686.

思主义理论课的教学时数，文科类不少于 250 学时，理工农医类不少于 200 学时；三年制大专文理科均不少于 150 学时，二年制不少于 100 学时。四年制本科思想品德课的教学时数为教学计划内不少于 85 学时；专科不少于 68 学时；实行学分制的学校，应合理确定上述各门课程的学分，切实保证规定的学时。形势与政策课程可以不占教学计划内学时，利用政治学习时间，采取专题或讲座的形式，集中或分散安排教学，平均每周不少于一学时，并要作为必修课列入教学计划。"①

这一时期，以"85 方案"为基础的高校思想政治理论课程体系日益完善，朝着科学化和规范化的方向不断前进。

四、高校思想政治理论课程体系的进一步发展：从"98 方案"到"05 方案"

以邓小平 1992 年年初视察南方重要谈话和党的十四次代表大会为标志，我国改革开放和社会主义现代化建设事业进入了一个新的发展阶段。党的十五大把邓小平理论确立为党的指导思想。在十五大精神的指导下，全党全国兴起了学习马列主义、毛泽东思想、邓小平理论的新高潮，这对高校思想政治理论课提出了新的更高的要求。

实际上，早在 1993 年，全国高校党建会就提出了积极、稳妥地推进思想政治理论课教学改革的任务。之后，国家教委以清华大学

---

① 国家教育委员会关于高校马克思主义理论课和思想品德课教学改革的若干意见 [M] //中华人民共和国学校思想政治理论课重要文献选编. 北京：人民出版社，2022：858.

等四所院校作为改革试点，全国各省也规定了一些院校进行试点。经过几年的努力，1997年国家教委提出了《关于普通高等学校"两课"课程设置的若干意见（征求意见稿）》，并提交给第六次全国高校党建会征求意见，讨论修改。国家教委提出的方案，与以前相比，最突出的特点是增加了"邓小平理论概论"课，规定为70学时；停止开设"政治经济学"课，把"中国革命史"改为"中国革命的理论与实践"，把"当代世界政治经济与国际关系"改为"当代世界经济与政治"，重新设立"马克思主义哲学原理"课。①

1998年4月，中宣部、教育部《关于普通高等学校开设〈邓小平理论概论〉课的通知》，明确要求"从1998年秋季开始，普通高校都要以《中国特色社会主义建设》课程为基础，开设邓小平理论课，并把《马克思主义原理》中'科学社会主义论'的课程内容和'中国革命史'中的关于1956年以后的课程内容融合到这一课程中统一进行讲授"②。

1998年6月，中宣部、教育部印发《关于普通高等学校"两课"课程设置的规定及其实施工作的意见》，对高校"两课"的课程设置进行了全面的规定（简称"98方案"）。课程设置③如下。（一）专科的课程设置。二年制专科马克思主义理论课："马克思主

---

① 顾海良．高校思想政治理论课程建设研究［M］．北京：经济科学出版社，2009：85.

② 中共中央宣传部、教育部关于普通高等学校开设《邓小平理论概论》课的通知［M］//中华人民共和国学校思想政治理论课重要文献选编．北京：人民出版社，2022：935.

③ 中共中央宣传部、教育部关于普通高等学校"两课"课程设置的规定及其实施工作的意见［M］//中华人民共和国学校思想政治理论课重要文献选编．北京：人民出版社，2022：947.

义哲学原理"（36学时）；"邓小平理论概论"（64学时）。三年制专科马克思主义理论课："马克思主义哲学原理"（50学时）；"毛泽东思想概论"（40学时）；"邓小平理论概论"（60学时）。二年制和三年制专科思想品德课："思想道德修养"（40学时）；"法律基础"（28学时）。（二）本科的课程设置。本科马克思主义理论课："马克思主义哲学原理"（54学时）；"马克思主义政治经济学原理"（理工类40学时；文科类36学时）；"毛泽东思想概论"（理工类36学时，文科类54学时）；"邓小平理论概论"（70学时）；"当代世界经济与政治"（文科类开设，36学时）。本科思想品德课："思想道德修养"（51学时）；"法律基础"（34学时）。（三）研究生的课程设置。硕士生马克思主义理论课："科学社会主义理论与实践"（36学时）；"自然辩证法概论"（理工类开设，54学时）；"马克思主义经典著作选读"（文科类开设，72学时）。博士生马克思主义理论课："现代科学技术革命与马克思主义"（理工类开设，54学时）；"马克思主义与当代社会思潮"（文科类开设，54学时）。

各层次各科类学生都要开设"形势与政策"课。"形势与政策"课要列入教学计划，平均每周1学时，一般按专题进行；实行学年考核制度，纳入学籍管理。

主要课程内容如下。

"马克思主义哲学原理"课主要是进行辩证唯物主义和历史唯物主义基本原理的教育，学习毛泽东和邓小平哲学思想，帮助学生掌握马克思主义的科学世界观和方法论，培养分析和解决实际问题的能力，树立正确的世界观、人生观和价值观。

"马克思主义政治经济学原理"课主要是进行马克思主义政治经济学关于资本主义部分基本原理的教育，帮助学生理解资本主义经济制度的实质和基本矛盾，懂得资本主义产生、发展和必然为社会主义所代替的历史规律，了解资本主义在当代的新变化、新特点及其国际经济关系，认清当代世界发展的历史趋势，坚定社会主义理想信念。

"毛泽东思想概论"课主要进行毛泽东思想基本原理的教育，帮助学生理解毛泽东思想是马列主义同中国实际相结合的第一次历史性飞跃的伟大成果，掌握毛泽东思想的主要内容和活的灵魂，懂得中国近现代社会历史发展和革命运动的规律，认清只有在中国共产党领导下，坚持社会主义道路，才能救中国和发展中国。

"邓小平理论概论"课主要进行建设有中国特色社会主义理论与实践的教育，帮助学生理解邓小平理论是马克思主义同当代中国实际和时代特征相结合的产物，是毛泽东思想的继承和发展，是马克思主义在中国发展的新阶段，掌握邓小平理论的科学体系和精神实质，重点搞清楚什么是社会主义、怎样建设社会主义这个根本问题，认识社会主义的本质和社会主义建设的规律，认识我国现在处于并将长期处于社会主义初级阶段的基本国情，增强高举邓小平理论伟大旗帜，执行党的基本路线和基本纲领的自觉性与坚定性。

"当代世界经济与政治"课主要进行马克思主义关于当代世界经济政治和国际关系的基本观点的教育，帮助学生理解邓小平对当今时代特征和总体国际形势，对世界上其他社会主义国家的成败，发展中国家谋求发展的得失，发达国家发展的态势和矛盾做出科学判断，认清霸权主义和强权政治的实质。掌握我国的外交政策，正确理解并拥护党和国家的国际战略。

"思想道德修养"课主要进行以为人民服务为核心、以集体主义为原则的社会主义道德教育，以及优秀的中国传统道德和革命传统教育，培养学生高尚的理想情操和良好的道德品质，树立体现中华民族特色和时代精神的社会主义价值标准和道德规范。

"法律基础"课主要进行社会主义法制教育，帮助学生掌握马克思主义法学的基本观点，了解宪法和有关法的基本精神和规定，增强学生的社会主义法制观念和法律意识。

"形势与政策"课主要是帮助学生全面正确地认识党和国家面临的形势和任务、拥护党的路线、方针和政策，增强实现改革开放和社会主义现代化建设宏伟目标的信心和社会责任感。

2002年，党的十六大把"三个代表"重要思想与马克思列宁主义、毛泽东思想和邓小平理论一道确立为我们党必须长期坚持的指导思想。全党兴起了学习贯彻十六大精神的热潮，迫切要求高校思想政治理论课适应新的形势，做出相应的调整。2003年2月，《教育部关于进一步深化"三个代表"重要思想"三进"工作的通知》，明确"将《邓小平理论概论》课调整为《邓小平理论和"三个代表"重要思想概论》课。各高校从2003年秋季开学开始，应普遍开设《邓小平理论和"三个代表"重要思想概论》课"①。这是对"98方案"的进一步完善。

---

① 教育部关于进一步深化"三个代表"重要思想"三进"工作的通知［M］//教育部社会科学司.普通高校思想政治理论课文献选编（1949—2008）.北京：中国人民大学出版社，2008：193.

经中央政治局常委讨论批准的"两课"课程的"98方案",是一个与马克思主义科学理论体系相一致的新的课程体系。该体系结构完整,层次清楚,具体来说,可以分为三类:第一类是作为世界观和方法论的理论基础,是马克思主义的最一般原理,其中包含马克思主义哲学原理、马克思主义政治经济学原理;第二类是以马克思主义与中国具体实际相结合,即以马克思主义中国化过程中产生的两次历史性飞跃为主要内容的课程设置,是整个课程体系中的核心内容,如毛泽东思想概论、邓小平理论概论;第三类是以运用马克思主义的立场、观点和方法认识和改造世界(包括客观世界和主观世界)为主要内容的课程设置,阐述的是马克思主义的特殊或个别原理,包括当代世界经济与政治、思想道德修养、形势与政策等课程。这三种类型相互联系、相辅相成、相互补充,形成一个整体。

然而也应该看到,从高校教育教学改革和发展的要求,以及高校课程设置的一般特点看,"98方案"课程门数较多,总学时也较多。"马克思主义哲学""马克思主义政治经济学""毛泽东思想概论""邓小平理论概论""当代世界经济与政治""思想道德修养""法律基础"7门课程,总学时有260之多。而在这一阶段,整个高等教育改革和发展的基本思想倾向是减少课内学时,增加课外学时,培养学生创新精神和实践能力。由此,"两课"的现状与高等教育教学改革趋向显得不十分协调。在此背景下,对新世纪高校思想政治理论课程体系进行必要的改革和整合迫切提上日程。[①]

---

① 顾海良. 高校思想政治理论课程建设研究 [M]. 北京:经济科学出版社,2009:91.

党的十六大后，党中央用科学发展观统领经济社会发展全局，新形势新任务呼唤着新的高校思想政治理论课体系。2005 年 2 月，为贯彻落实《中共中央、国务院关于进一步加强和改进大学生思想政治教育的意见》（中发〔2004〕16 号）精神，中宣部、教育部印发《关于进一步加强和改进高等学校思想政治理论课的意见》（教政司〔2005〕5 号，简称《意见》），从高校思想政治理论课的重要性、指导思想和总体要求、学科建设、课程体系、教材建设、教学方式方法、教师队伍建设、党的领导等方面做出规定，强调"高等学校思想政治理论课承担着对大学生进行系统的马克思主义理论教育的任务，是对大学生进行思想政治教育的主渠道。充分发挥思想政治理论课的作用，用马克思列宁主义、毛泽东思想、邓小平理论和'三个代表'重要思想武装当代大学生，是党的教育方针的具体体现，是社会主义大学的本质特征，是党和国家事业长远发展的根本保证"。针对课程体系，《意见》指出："科学的课程设置是加强和改进思想政治理论课教育教学的基本环节。高等学校思想政治理论课课程设置，要体现马克思主义与时俱进的理论品格，更好地适应时代发展的要求；要突出重点，更好地吸收理论和实践发展的最新成果；有利于更好地用马克思主义理论武装大学生头脑。""要以马克思主义中国化的理论成果毛泽东思想、邓小平理论和'三个代表'重要思想为中心内容，完善思想政治理论课课程体系。""通过充实教学内容，完善课程设置，形成结构合理、功能互补、相对稳定的课程体系。"在这一原则指导下，形成了"4+1+N"的课程体系，即本科开设 4 门必修课程，分别是"马克思主义基本原理""毛泽东思想、邓小平理论和'三个代表'重要思想概论""中国近现代史纲要""思想道德修养与法律基础"。同时，开设"形势与政策"课。另外，开设"当代世界经济与政治"等选修课。① 这就基本形成了"05方案"的雏形。

紧随其后，2005年3月，中宣部、教育部又印发了《〈中共中央宣传部、教育部关于进一步加强和改进高等学校思想政治理论课的意见〉实施方案》（教社政〔2005〕9号，简称《实施方案》），对课程设置，基本内容，基本要求和时间安排，教材编写、教学研究、教师培训和学科建设，加强领导等做出具体规定。相比较于之前的《意见》，《实施方案》明确了各门思政课的学分情况，规定：本科课程设置4门必修课："马克思主义基本原理"（简称"原理"）3学分，"毛泽东思想、邓小平理论和'三个代表'重要思想概论"（简称"概论"）6学分，"中国近现代史纲要"（简称"纲要"）2学分，"思想道德修养与法律基础"（简称"基础"）3学分，另外，开设"当代世界经济与政治"等选修课。专科课程设置2门必修课："毛泽东思想、邓小平理论和'三个代表'重要思想概论"4学分，"思想道德修养与法律基础"3学分。本、专科学生都要开设"形势与政策"课，本科2学分，专科1学分。"05方案"课程体系由此固定下来。

党的十七大对科学发展观的时代背景、科学内涵和精神实质进行了深刻阐述，对深入贯彻落实科学发展观提出了明确要求。2008

---

① 中共中央宣传部、教育部关于进一步加强和改进高等学校思想政治理论课的意见 [M] //教育部社会科学司. 普通高校思想政治理论课文献选编（1949—2008）. 北京：中国人民大学出版社，2008：215.

年 7 月，中宣部和教育部在京召开加强和改进高校思想政治理论课工作会议，强调要用中国特色社会主义理论体系武装大学生。2008年 8 月，教育部办公厅下发通知，要求将高校思想政治理论课"毛泽东思想、邓小平理论和'三个代表'重要思想概论"课程名称调整为"毛泽东思想和中国特色社会主义理论体系概论"。

2018 年，教育部印发《新时代高校思想政治理论课教学工作基本要求》（教社科〔2018〕2 号）又对学分进行了微调，"毛泽东思想和中国特色社会主义理论体系概论"变成 5 学分，"中国近现代史纲要"变成 3 学分。而且对课程开设次序进行了规范：原则上本科生先学习"基础"课、"纲要"课，再学习"原理"课、"概论"课；专科生先学习"基础"课，再学习"概论"课；本、专科生每学期必修"形势与政策"课。原则上晚间和周末不安排思想政治理论课必修课。应综合考虑学生专业背景组织思想政治理论课教学班，积极推行 100 人以下的中班教学，大力提倡中班教学、小班研讨的教学模式，逐步消除大班额现象。①"05 方案"获得进一步完善。

五、对"05 方案"的创新改革

党的十八大以来，以习近平同志为核心的党中央勇于推进实践基础上的理论创新，全面系统回答了新时代坚持和发展什么样的中国特色社会主义、怎样坚持和发展中国特色社会主义这个重大时代

---

① 教育部关于印发《新时代高校思想政治理论课教学工作基本要求》的通知[M]//中华人民共和国学校思想政治理论课重要文献选编．北京：人民出版社，2022：1484.

课题，创立了习近平新时代中国特色社会主义思想。这一思想是从新时代中国特色社会主义全部实践中产生的理论结晶，是推动新时代党和国家事业不断向前发展的科学指南，是引领中国、影响世界的当代中国马克思主义、21世纪马克思主义。党的十九大明确把"习近平新时代中国特色社会主义思想"写进党章，成为党领导人民实现中华民族伟大复兴中国梦必须长期坚持的指导思想。

2019年8月，为深入贯彻落实习近平新时代中国特色社会主义思想和党的十九大精神，中共中央办公厅、国务院办公厅印发了《关于深化新时代学校思想政治理论课改革创新的若干意见》，强调要坚持不懈用习近平新时代中国特色社会主义思想铸魂育人。《意见》对思政课课程体系建设做出新的规定，要求"加强以习近平新时代中国特色社会主义思想为核心内容的思政课课程群建设"。"全国重点马克思主义学院率先全面开设'习近平新时代中国特色社会主义思想概论'课"。

新时代对"05方案"的创新改革主要体现在以下几方面。

一是开设"习近平新时代中国特色社会主义思想概论"课程。先在复旦大学、中国人民大学等个别高校试点开设，随后在37所全国重点马克思主义学院所在高校开设，最后于2022年秋季学期在全国高校全面单独开设。课程在没有统编教材之前，先是使用中宣部组织编写的《习近平新时代中国特色社会主义思想学习纲要》作为教学遵循。随后，教育部于2022年秋季学期开学前组织力量编写了统一课件，发放给各高校使用。2023年8月，《习近平新时代中国特色社会主义思想概论》正式出版。

二是对当前思政课学分进行了重新调整。为了在开设"习近平新时代中国特色社会主义思想概论"的同时不增加过多学分，教育部门对思政课的学分进行了调整。新增加的"习近平新时代中国特色社会主义思想概论"根据课程容量设置为3学分，而"毛泽东思想和中国特色社会主义理论体系概论"由5学分降为3学分，这样整体学分只增加了1学分，由16学分变为17学分，整体影响不大。

三是开展以习近平新时代中国特色社会主义思想为核心内容的课程群建设。除单独开设"习近平新时代中国特色社会主义思想概论"外，教育部还要求加强"形势与政策"课建设，及时深入宣讲习近平新时代中国特色社会主义思想特别是习近平总书记最新重要讲话精神，持续讲、深入讲、跟进讲、久久为功。要求高校紧紧围绕新时代坚持和发展中国特色社会主义理论和实践，开设与思政课必修课相配套的系列选修课。例如，有的高校开设了"习近平文化思想""习近平法治思想"等选修课。

四是结合大中小学各学段特点构建形成必修课加选修课的课程体系。保持思政课必修课程相对稳定基础上，各高校重点围绕习近平新时代中国特色社会主义思想，党史、国史、改革开放史、社会主义发展史，宪法法律，中华优秀传统文化等设定课程模块，开设系列选择性必修课程。博士阶段开设"中国马克思主义与当代"，硕士阶段开设"中国特色社会主义理论与实践研究"。高中阶段开设"思想政治"必修课程，围绕学习习近平总书记最新重要讲话精神开设"思想政治"选择性必修课程。初中、小学阶段开设"道德与法治”必修课程，可结合校本课程、兴趣班开设思政类选修课程。①

第三节　队伍建设创新：从配齐到建强

教师是立教之本、兴教之源。习近平总书记强调，“办好思想政治理论课关键在教师”②。高校思政课教师队伍建设与思政课建设的历程相似，从基础薄弱到基本配齐再到配齐建强，经历了一个漫长曲折的过程。

一、高校思政课教师队伍的初始建设

思政课要发展，离不开思政课教师。从思政课建设受到关注和重视伊始，教师队伍建设就成为一个重要议题。1951 年 7 月，教育部就指出：“政治课教师应尽可能由专人担任，加强专业化思想，努力钻研马克思列宁主义、毛泽东思想，逐步提高政治理论水平和教学水平，并有计划地培养助教。”③

1955 年 4 月，教育部负责同志在讲话中专门强调，“必须加强对

① 中共中央办公厅、国务院办公厅印发《关于深化新时代学校思想政治理论课改革创新的若干意见》［M］//中华人民共和国学校思想政治理论课重要文献选编．北京：人民出版社，2022：1531.

② 习近平主持召开学校思想政治理论课教师座谈会强调 用新时代中国特色社会主义思想铸魂育人 贯彻党的教育方针落实立德树人根本任务［N］．人民日报，2019-03-19（1）.

③ 教育部对各大行政区分别召开暑期高等学校政治课讨论会的指示［M］//中华人民共和国学校思想政治理论课重要文献选编．北京：人民出版社，2022：110.

政治理论课师资的培养提高工作。从全国范围来看，政治理论课师资量少质差，缺乏领导骨干的情况，几年来虽有所改进，但尚未得到根本改变"①。此后，高等教育部又专门制订加强师资培养训练的工作计划，主要通过以下四种方式来解决师资问题：一是适当增加综合大学文、史、哲系科的招生名额，以增加培养对象的来源；二是扩大中国人民大学马列主义研究班以加强培养工作；三是选拔比较优秀的教师进入中国人民大学马列主义研究班或其他有苏联专家的学校进修；四是举办假期讲习班或组织苏联专家和有经验的教师到各地讲学，以及组织教学经验座谈会等，以提高在职教师的理论水平与教学技能。高等教育部同时要求各学校注意加强在职师资的培养工作，提出"凡未经系统学习的教师应组织他们自愿参加系统的政治理论学习或马克思列宁主义夜大学的学习；凡已经过系统学习的应要求他们订出切实可行的个人进修计划；有条件者可逐步开展科学研究工作和适当地、有计划地学习某些自然科学知识，扩大知识范围，以丰富马克思列宁主义理论的讲授，并增强学术思想批判的能力。学校领导上和教研组对政治理论课教师进修应经常给予具体帮助，并定期进行检查，同时还应注意组织他们下厂、下乡、参加可能的实际工作，听取有关当前重要实际问题和党的政策的报告及阅读必要的文件，以逐步提高他们的思想水平和业务水平"②。以上从理论学习到实践阅历再到教学方法，都对思想政治理论课教

---

① 关于高等学校的政治思想理论工作［M］//中华人民共和国学校思想政治理论课重要文献选编．北京：人民出版社，2022：238.

② 关于高等学校的政治思想理论工作［M］//中华人民共和国学校思想政治理论课重要文献选编．北京：人民出版社，2022：240.

师提出了要求，也明确了提升路径。

1958 年，虽然处于"反右"的极端政治氛围，但当时《对高等学校政治教育工作的几点意见（草稿）》（简称《意见》）中的一项统计数据还是能够说明思政课教师队伍的严重短缺："全国 227 所高等学校的现有教师数，为 4600 人左右"，"教授和副教授仅占全体政治课教师（4600 人）的 3%，讲师（多为 1956 年新提升的）占 26%，助教则占 71%"，"教师来自大学非政治课专业的青年知识分子约占 60%，这一部分人既无实际斗争锻炼，又缺乏专业知识"。关于教师的培养来源，也很匮乏。如中国人民大学本科四门政治课的专业较晚，只是从 1956 年开始，1961 年才有毕业生；哲学专业只有北京大学有毕业生，但人数极少，每年只有二三十人（但前后一共分配做政治课教师的仅 15 人）。鉴于这一状况，《意见》还提出了补充、培养和提高政治课教师的办法，主要包括"学校中党员校院长、党委书记和党委委员，必须担任政治课的教学工作；各校今年可由各自的应届毕业生中抽出一部分优秀党员补足本校政治课教师的缺额，担任政治课辅导教师，边学习边辅导，但不得移作他用"。甚至提出，"政治课教师每人应争取会教三门政治课中的两门，而非只会教一门"。同时提出，"有必要明确规定中国人民大学的性质为培养和提高全国高等学校政治教师的学校（政治师范）"，"学生来源除招考一部分外，请省市委和学校选派和报送"，可以通过"大学本科""短期速成班（马列主义研究班）""教学骨干（讲师以上的包括教研组主任）进修班"等方式培养和提高。"关于政治课教学骨干除人大培养外，希望高级党校每年能代为培养 50 人学员，由学校报送。"①

1961 年 7 月，《教育部关于 1961—1962 学年度上学期高等学校共同政治理论课安排的几点意见》中对于师资也提出明确要求："现有教师队伍，除少数必须调整者外，应该稳定下来；教师的社会工作，应该适当减轻。教师数量不足的问题，应该积极设法逐步解决，争取三年内首先把重点学校的教师缺额配齐，并适当照顾其他师资特别困难的学校。各高等学校应该在总结已有经验的基础上，采取有效措施，提高现有教师的政治、业务水平；力争在三五年内做到每门马克思列宁主义基础理论课程都有一定数量的骨干教师。现有教师中没有系统学习过马克思列宁主义基础理论的约四千人，计划在两三年内，采用短期集中、单科独进的办法轮训一遍。中国人民大学负责轮训两千人，其余由各中央局负责。政治理论课程教师的培养，由中国人民大学、各中央局指定的高等学校和省、市、自治区的中级党校负责。骨干教师，由中央高级党校、中国人民大学研究班和中央教育部指定的高等学校负责培养。"②

1964 年 10 月，《中共中央宣传部、高等教育部党组、教育部临时党组关于改进高等学校、中等学校政治理论课的意见》（简称《意见》）提出："为了经常了解学生思想，除了坚持实行开调查会

① 对高等学校政治教育工作的几点意见（草稿）[M]//中华人民共和国学校思想政治理论课重要文献选编. 北京：人民出版社，2022：287.
② 教育部关于 1961—1962 学年度上学期高等学校共同政治理论课安排的几点意见[M]//中华人民共和国学校思想政治理论课重要文献选编. 北京：人民出版社，2022：345.

的办法外，还要采取一定的形式和方法，如联系一个重点班，适当兼做一些党、团工作，兼任班、级主任和政治辅导员等，密切同学生的联系，使自己成为学生的知心朋友。"《意见》提到，高等学校政治理论课教师同全校学生的比例，应当做到 1∶100。千人以下的学校，不受这一比例的限制，每门课可以配备教师二至三人。还提出，"选拔做过基层工作的干部、复员军人和参加过两年以上体力劳动锻炼的知识青年，经过训练提高，补充这支队伍"①。

二、高校思政课教师队伍的逐步加强

"文化大革命"结束后，邓小平同志多次强调要发展科学和教育事业，推动实现教育战线的拨乱反正，强调"尊重教师的劳动，提高教师的质量""一个学校能不能为社会主义建设培养合格的人才，培养德智体全面发展、有社会主义觉悟的有文化的劳动者，关键在教师"。② 1978 年，《教育部办公厅关于加强高等学校马列主义理论教育的意见》（简称《意见》）提出："二十八年来，全国高等学校的马列主义理论课对帮助学生逐步树立无产阶级的世界观，提高应用马列主义的立场、观点、方法去分析问题和解决问题的能力，起了重要的作用。广大理论课教师，在传播马列主义、毛泽东思想的基本理论方面，作了大量的工作，付出了辛勤的劳动，成绩是主要

---

① 中共中央宣传部、高等教育部党组、教育部临时党组关于改进高等学校、中等学校政治理论课的意见 [M] //中华人民共和国学校思想政治理论课重要文献选编．北京：人民出版社，2022：360.

② 邓小平同志在全国教育工作会议上的讲话 [M] //中华人民共和国学校思想政治理论课重要文献选编．北京：人民出版社，2022：469.

的。"同时，对于思政课教师队伍建设问题，提出"学生在千人以上的学校，师生比例在理工科一般可以 1∶80，文科一般可以 1∶60。学生数目不满千人的，每门理论课至少配备教师二至三人。至于外国留学生、研究生的比例，可另算"。"目前高等学校理论课教师队伍，一般说，数量缺、水平低、任务重、后继乏人。有的院校由于教师缺乏，有些理论课一直开不出来。有的院校一门理论课只有一个教师，教师一病，只好停课。有的院校虽然也开设了四门理论课，但由于缺乏教师，只好拉行政干部或技术课教师临时凑数。"同时，这一时期的理论课教师除了担负学生的教学任务外，还担负了全校职工以及校外工农理论队伍的理论学习辅导等任务，所以工作任务很重。而很多学校的理论课教师人数不仅没有增加，反而减少了。由于教学任务过重，有的教师只好长期带病坚持工作，有的院校因病全休或半休的教师竟达到四分之一。不能上台讲课的教师，一般占 30% 以上。这说明，这一时期高等学校理论课教师队伍的问题是相当严重的。为解决师资补充和提高问题，《意见》提出：一是尽快将调离教学岗位而又不能用其所长的理论课教师逐渐归队，尽可能补充一批有一定马列主义水平、又有培养前途的校内外党员干部参加教学工作。二是恢复马列主义理论课教研室（组）。三是迅速恢复中国人民大学，立即着手招生，为全国高等学校大量培养理论课教师。当年即选留一批大学毕业生，充实各高等院校的理论课师资队伍。四是通过阅读文件、参加培训、集中学习等多种方式提高理论课教师的水平。①

1979 年 5 月，教育部政治理论教育司的一份《高等学校政治理论课的基本情况和存在问题》对当时高校思政课情况进行了详细介绍。根据这份材料，当时全国有高等学校 641 所，学生 859000 人，高校思政课教师共计 13458 人。这也就意味着每所高校约有 20 位思政课教师，师生比约为 1∶63。这份材料指出，"13458 名高校政治理论课教师，有教授 75 人，付（副）教授 136 人，讲师 2562 人，助教 7244 人，教员 3441 人。其中青年教师约占三分之一，多数是近几年毕业的工农兵学员，理论水平低，文化科学知识差，有的还读不懂马列原著，有的连伦敦在哪里都不知道。中老年教师，由于十多年来受林彪'四人帮'的精神枷锁束缚，缺乏学习进修的条件，一般没有提高。不少教师困于柴米油盐等繁重的家务中，谈不上学习进修。全部教师中，因水平低而不能上课的约占 30%。不少教师的健康状况也很差，据北京市不完全的统计，1187 名政治理论教师中，因身体不好而不能上课的有 52 人，约占 4%"②，描述了当时思政课教师队伍的真实情况。

1980 年，教育部印发《改进和加强高等学校马列主义课的试行办法》，对于教师队伍建设，明确马列主义教师的主要职责是从事教学和科研，保证每周有六分之五的时间用于教学和科研。并要求"积极补充师资队伍"，"切实改善马列主义教师的学习条件和工作

---

① 教育部办公厅关于加强高等学校马列主义理论教育的意见 [M] //中华人民共和国学校思想政治理论课重要文献选编. 北京：人民出版社，2022：471.
② 高等学校政治理论课的基本情况和存在问题 [M] //中华人民共和国学校思想政治理论课重要文献选编. 北京：人民出版社，2022：485.

条件"，"积极开展群众性的教学研究和学术交流活动"，明确"马列主义教师的业务职称分为教授、副教授、讲师、助教。在评定职称时，应按规定的条件，与其他学科教师同时进行。他们的生活待遇（包括评定工资级别、调整住房等）应与其他学科教师一样"①。

1984 年，"由于数量不足，骨干教师的年龄偏高，面临着青黄不接的严重状况，亟待充实提高。要根据马列主义理论课的特点，从教学、科研、做学生思想工作和教师进修的实际需要出发，力争在三五年内使教师与学生的比例达到文科：1 比 80，理工农医 1 比100，规模小的院校每门课至少要配三名教师，并积极创造条件，进一步增加教师的数量。马列主义理论、政治、财经、历史、外语等专业和研究生班、民族院校的教师，应根据教学需要相应增加编制。马列主义公共理论课教研室为系处级建制，应配备专职工作人员，并设置资料室"。中宣部、教育部《关于加强和改进高等院校马列主义理论教育的若干问题》强调，要采取多种措施解决马列主义课教师的来源问题，如每年应从高校的哲学、政治经济学、中共党史、科学社会主义四个理论专业中选拔足够数量的优秀毕业生和研究生补充教师队伍；要扩大中国人民大学四个理论系本科的招生名额；有条件的重点大学经教育部批准，可以增设马列主义基础专业，开办马列主义研究生班、双学位班；委托一部分重点大学担负培养本地区马列主义课教师的任务，有条件的理工农医院校的马列主义教研室也可以招收硕士研究生等，以确保师资的来源。教师的培养和

---

① 教育部关于印发《改进和加强高等学校马列主义课的试行办法》的通知［M］//中华人民共和国学校思想政治理论课重要文献选编．北京：人民出版社，2022：509.

进修要形成制度。每个教师教学三年可以脱产学习半年（包括科学研究和社会调查）。对现在还不能胜任教学的青年教师，争取在三年或稍长一点时间内轮训一次，使他们达到能够独立开课的水平。对于少数不宜做理论课教师的人，应当进行调整。评定马列主义课教师的职称，主要是考察教学效果，考察教师转变学生思想的本领，同时也要考察教师的科研成就。要改善马列主义课教师的政治待遇、物质待遇和工作条件。①

1986 年，针对"高等学校政治理论课教师存在数量不足、年龄老化、后继乏人、知识水平不适应等问题"，当时的国家教委政教司委托中国人民大学举办"中国革命史"讲习班，还委托有条件的高等院校举办政治理论课师资进修班。要求各综合大学、师范院校的马克思主义理论专业和天津大学等五所理工科大学的马克思主义基础专业，改革教学内容和教学方法，为高等学校培养合乎条件的政治理论课师资。从 1986 年起，选拔大学本科优秀毕业生和毕业研究生充实政治理论教师队伍，其中毕业于理工农医类专业的，可选送到培养政治理论课教师的第二学士学位班学习。此时，"三单"（单列指标、单设标准、单独评审）都已经开始显示雏形。②

1991 年，《国家教育委员会关于加强和改进高等学校马克思主

---

① 中共中央宣传部、教育部关于印发《关于加强和改进高等院校马列主义理论教育的若干问题》[M] //中华人民共和国学校思想政治理论课重要文献选编. 北京：人民出版社，2022：582.

② 国家教育委员会关于在高等学校进一步贯彻《中共中央关于改革学校思想品德和政治理论课程教学的通知》的意见 [M] //教育部社会科学司. 普通高校思想政治理论课文献选编（1949—2008）. 北京：中国人民大学出版社，2008：112.

义理论教育的若干意见》（简称《意见》）指出，"提高教师队伍的政治和业务水平，是提高教学质量的关键。培养和建设一支有足够数量和较高政治与业务素质的教师队伍，是实现进一步加强和改进马克思主义理论课教学任务的根本保证，是建设社会主义精神文明，为社会主义现代化建设培养合格人才的一项具有战略意义的任务"。《意见》指出，教师队伍当前突出的问题是：教师数量不足，相当多的学校缺编情况严重；教师队伍年龄结构不合理，骨干教师年龄老化，他们中的大部分将在三、五年内陆续退出教学岗位，35 岁以下的青年教师约占教师总数的一半；现有教师队伍政治和业务素质不齐，特别是青年教师队伍在政治思想业务水平上进一步培训提高的任务相当繁重；由于各种原因，补充新师资困难，现有教师队伍也不够稳定；等等。《意见》提出，"高等学校的马克思主义理论课教师编制，要根据课程教学的特点，从教学、科研、做学生思想工作和教师进修提高的实际需要出发，按照确定的比例配备。教师与在校学生总数的比例，文科院校（专业）为 1∶80，理工农医院校（专业）为 1∶100。规模小的院校每门课至少要配备三名教师。承担研究生教学任务的教师与学生的比例为 1∶50"①。同时，通过拓宽补充理论课师资的渠道、部分理论课教师延迟退休、开展培训、组织教师开展社会考察等方式保持队伍稳定、提高队伍素质。1995年，国家教育委员会又提出，"要配合教学组织必要的参观、考察和利用假期进行社会调查等活动，使学生在接触社会实际中接受教育，

---

① 国家教育委员会关于加强和改进高等学校马克思主义理论教育的若干意见［M］//中华人民共和国学校思想政治理论课重要文献选编．北京：人民出版社，2022：784．

要鼓励和组织教师开展课外教学，支持和指导学生骨干和积极分子开展课外理论学习"①。

1999 年 12 月，为提高思政课教师的研究能力和学位水平，教育部、国务院学位委员会印发《关于开展高等学校"两课"教师在职攻读硕士学位工作的通知》（教社政〔1999〕17 号，简称《通知》）。《通知》指出"近几年来，'两课'教师队伍基本上实现了新老交替，在教学第一线的多数或大多数为青年教师，他们的思想政治素质和业务素质与担当的任务相比，还存在着许多不相适应的地方。近期对高校'两课'教师队伍状况调研的结果表明，目前，'两课'教师中具有硕士以上学位教师的比例明显低于高校其他学科专任教师中具有硕士以上学位教师的比例。提高高校'两课'教师的政治和业务素质需要做多方面的工作。通过在职攻读学位，提高'两课'教师的综合素质和教学能力，是当前'两课'教师队伍建设的一个重要途径，必须下大的决心，加大工作力度，争取在不太长的时间内，使'两课'教师的整体素质有一个明显的提高"。确定基本目标是，在 1999 年至 2004 年间，使 3500 名左右在任"两课"专职教师通过在职学习的方式，获得硕士学位。②

2005 年 2 月，《中共中央宣传部、教育部关于进一步加强和改进高等学校思想政治理论课的意见》（教社政〔2005〕5 号）指出，

---

① 国家教育委员会关于高校马克思主义理论课和思想品德课教学改革的若干意见[M]//中华人民共和国学校思想政治理论课重要文献选编.北京：人民出版社，2022：859.

② 教育部、国务院学位委员会关于开展高等学校"两课"教师在职攻读硕士学位工作的通知[M]//中华人民共和国学校思想政治理论课重要文献选编.北京：人民出版社，2022：961.

"提高高等学校思想政治理论课教育教学质量和水平，关键在教师。高等学校思想政治理论课教师是马克思主义理论和党的路线、方针、政策的宣讲者，社会主义意识形态和精神文明的传播者，要不断提高马克思主义理论素养，提高科研能力和教学水平，做坚定的马克思主义者，做教书育人的表率，做大学生健康成长的指导者和引路人"。要按照学生人数以及教学任务，合理核定专任教师编制。要制定高等学校思想政治理论课教师任职资格标准，实行准入制度，完善激励和保障机制。"采取脱产进修、攻读学位、名师指导、社会考察、国内外学术交流等措施，力争在 5 年内培训数百名学术带头人和数千名骨干教师。"①

为贯彻落实《中共中央 国务院关于进一步加强和改进大学生思想政治教育的意见》和《中共中央宣传部 教育部关于进一步加强和改进高等学校思想政治理论课的意见》及其实施方案精神，进一步加强高校思想政治理论课教师队伍建设，不断提高全国高校思想政治理论课教师的政治素质、专业水平，教育部从 2008 年 3 月开始实施"高校思想政治理论课教师在职攻读马克思主义理论博士学位"专项计划，按照"计划专用、单独划线、择优录取"原则，加快思政课教师队伍建设。② 同时，也从 2008 年开始，中宣部、教育部联合开展高校思想政治理论课骨干教师研修，每年培训 600 人左右。

---

① 中共中央宣传部 教育部关于进一步加强和改进高等学校思想政治理论课的意见 [M]//中华人民共和国学校思想政治理论课重要文献选编．北京：人民出版社，2022：1158.
② 教育部办公厅关于重申高校思想政治理论课教材编写、出版、使用要求的通知 [M]//中华人民共和国学校思想政治理论课重要文献选编．北京：人民出版社，2022：1243.

2008 年 9 月，中共中央宣传部、教育部印发《关于进一步加强高等学校思想政治理论课教师队伍建设的意见》，指出了高等学校思想政治理论课教师队伍建设的重要性紧迫性和总体要求，要求大力加强高等学校思想政治理论课教学科研组织建设，认真做好高等学校思想政治理论课教师的选聘配备工作，切实加强高等学校思想政治理论课教师队伍的培养培训工作，为高等学校思想政治理论课教师队伍建设提供学科支撑，切实为高等学校思想政治理论课教师队伍建设提供政策和制度保障。首次提出，"本专科思想政治理论课专任教师要总体上按不低于师生 1∶350—400 的比例配备""要以中班教学（每班 100 名学生左右）为主体，组织开展教学活动"。①

2011 年 10 月，为全面加强思想政治理论课教师队伍建设，引导和鼓励中青年思想政治理论课教师注重师德建设，钻研教学内容，探索和创新教学方法、手段，着力提高思想政治理论课教育教学质量，培养一批坚持正确的政治方向、理论功底扎实、善于联系实际，具有较高教学水平和科研能力的中青年教学领军人物和学术带头人，教育部从 2012 年开始实施"全国高校优秀中青年思想政治理论课教师择优资助计划"，面向全国 45 周岁以下的中青年教师选拔培养优秀人才。从培养效果来看，是取得了实效的，当时入选的一大批思政课教师都已经成长为思政课建设的重要骨干力量。②

---

① 中共中央宣传部、教育部关于进一步加强高等学校思想政治理论课教师队伍建设的意见［M］//中华人民共和国学校思想政治理论课重要文献选编．北京：人民出版社，2022：1280.

② 教育部社会科学司关于做好"全国高校优秀中青年思想政治理论课教师择优资助计划"申报工作的通知［M］//中华人民共和国学校思想政治理论课重要文献选编．北京：人民出版社，2022：1326.

三、思政课教师队伍的快速发展

党的十八大以来，以习近平同志为核心的党中央把思政课摆在前所未有的重要地位，同时也把思政课教师队伍建设作为一项重要工作。尤其是 2019 年 3 月，习近平总书记亲自主持召开学校思想政治理论课教师座谈会，清华大学马克思主义学院退休教授林泰、中国人民大学马克思主义学院教授刘建军等 8 位思政课教师代表做了交流发言。习近平总书记强调："办好思想政治理论课关键在教师，关键在发挥教师的积极性、主动性、创造性。思政课教师，要给学生心灵埋下真善美的种子，引导学生扣好人生第一粒扣子。"① 并明确提出了政治要强、情怀要深、思维要新、视野要广、自律要严、人格要正的要求。会后，思政课教师队伍建设得到了各方高度重视，进入了快速发展阶段。

2013 年 6 月，教育部印发《普通高等学校思想政治理论课教师队伍培养规划（2013—2017 年）》，主要分为三大计划。一是培训计划，主要包括骨干教师研修项目（国内研修项目主要是以中宣部、教育部名义每年联合举办 6 期高校思想政治理论课骨干教师研修班，国外研修项目是每年组织 40 名左右高校思想政治理论课骨干教师，以公派访问学者身份赴国外进行为期 3 个月的学习研修）、示范培训项目、专项研修项目、社会考察项目、攻读博士项目；二是项目资

---

① 习近平主持召开学校思想政治理论课教师座谈会强调 用新时代中国特色社会主义思想铸魂育人 贯彻党的教育方针落实立德树人根本任务 [N]. 人民日报，2019-03-19（1）.

助计划，主要包括思想政治理论课教学研究项目、优秀中青年教师择优资助项目、拔尖教师国内高级访学资助项目、"马克思主义理论教学与研究文库"出版资助项目；三是宣传推广计划，包括先进单位宣传推广、教学团队宣传推广、教学展示活动等。① 围绕高校思想政治理论课教师队伍培养培训等各方面都做了系统规定。2016 年 12 月，中共中央、国务院《关于加强和改进新形势下高校思想政治工作的意见》，明确要求"配齐建强思想政治工作队伍和党务工作队伍"，要"按师生比不低于一比二百的比例设置专职辅导员岗位，师生比不低于一比三百五十的比例设置专职思想政治理论课教师岗位"。②

到 2016 年 6 月，全国高校在设马克思主义理论一级学科博士点 37 个，二级学科博士点 74 个，一级学科硕士点 176 个。高校普遍成立了独立的思政课教学科研机构，约 400 所高校成立了马克思主义学院。全国有思政课教师近 7 万人，中青年教师已成为思政课教学的主干力量，很多高校评选的"十大本科生最喜爱的教师"，都有思政课教师入选。各地各高校也对思政课教师给予高度重视，中山大学为每一个思政课教师配备助教，东北大学聘请专家学者、先进模范人物担任思政课特聘教授，广东外语外贸大学暑期社会实践活动由思政课教师带队……教师培养培训力度也不断加大，有关部门每

---

① 教育部关于印发《普通高等学校思想政治理论课教师队伍培养计划（2013-2017 年）》的通知［M］//中华人民共和国学校思想政治理论课重要文献选编．北京：人民出版社，2022：1371.

② 中共中央、国务院关于加强和改进新形势下高校思想政治工作的意见［M］//中华人民共和国学校思想政治理论课重要文献选编．北京：人民出版社，2022：1425.

年组织培训 2000 人次，自 2005 年各部门培训思政课教师 20 余万人次。在湖北，明确"第一课堂"是思政课，"第一学科"是马克思主义理论学科。①

2018 年 4 月，教育部在继续实施"高校思想政治理论课教师在职攻读马克思主义理论博士学位专项计划"的同时，开始实施"高校思想政治理论课教师队伍后备人才培养专项支持计划"，作为"国家急需学科高层次人才培养支持计划"的重要组成部分，主要面向国家非定向培养的全日制专项招生计划，2018 年增加招生 1490 人，其中博士研究生 500 人，硕士研究生 990 人。②

2018 年 4 月，教育部《新时代高校思想政治理论课教学工作基本要求》，确定要按照师生比不低于 1∶350 的比例设置专职思想政治理论课教师岗位，为每个教研室（组）配足师资。强调，要统一实行集体备课，创新集体备课形式，科学运用教学方法，改进完善考核方式，强化科研支撑教学，健全听课指导制度，综合评价教学质量，落实高校主体责任，强化地方统筹管理，加强全国宏观指导。③

2019 年 4 月，教育部印发《普通高等学校思想政治理论课教师队伍培养规划（2019—2023 年）》（教社科函〔2019〕10 号），对高校思政课教师队伍培养进行了整体规划。一是专题理论轮训计划。

---

① 立德树人有道 春风化雨无声：党的十八大以来高校思想政治工作综述 ［N］. 人民日报，2016-12-07（1）.

② 教育部办公厅关于实施 2018 年"高校思想政治理论课教师队伍后备人才培养专项支持计划"的通知 ［M］//中华人民共和国学校思想政治理论课重要文献选编. 北京：人民出版社，2022：1480.

③ 教育部关于印发《新时代高校思想政治理论课教学工作基本要求》的通知 ［M］//中华人民共和国学校思想政治理论课重要文献选编. 北京：人民出版社，2022：1488.

即紧密围绕习近平新时代中国特色社会主义思想的重大意义、科学体系、精神实质、实践要求，围绕马克思主义基本原理，通过集中培训与经常性教育、部级示范培训与省校专题培训、面对面培训与网络培训、理论学习与实践锻炼等多种方式，推动思政课教师强化马克思主义理论基本功，对习近平新时代中国特色社会主义思想切实做到真学真懂真信真用。主要包括开设"周末理论大讲堂"组织马克思主义经典著作专题培训，学习贯彻习近平新时代中国特色社会主义思想专题培训，开展"习近平新时代中国特色社会主义思想的生动实践"专题实践研修。二是示范培训计划。主要包括思政课教师队伍后备人才培养专项支持计划、骨干教师研修项目、思政课教师省校协作培训项目、思政课教师校际协作项目等。三是项目资助计划。主要包括全国高校思政课教学科研团队"择优支持"项目、全国高校"思政课教师名师工作室"项目、全国高校优秀中青年思政课教师"择优资助"项目、全国高校思政课教学方法改革"择优推广"项目、全国高校思政课示范教学科研团队建设"西部项目"、全国高校思政课教学研究项目。四是宣传推广计划。主要包括全国高校思政课示范教学展示活动、全国高校思政课教师队伍建设先进经验宣传等。① 2019 年 8 月，中办、国办《关于深化新时代学校思想政治理论课改革创新的若干意见》明确，本科院校按在校生总数每生每年不低于 40 元，专科院校按每生每年不低于 30 元的标准提取专项经费，用于思政课教师的学术交流、实践研修等，并逐步加

---

① 教育部关于印发《普通高等学校思想政治理论课教师队伍培养规划（2019—2023 年）》的通知［M］//中华人民共和国学校思想政治理论课重要文献选编. 北京：人民出版社，2022：1514.

大支持力度。①

　　为适应社会实践教育需要，提升高校思政课教师的社会实践素养，教育部门实施了高校思政课教师社会实践专项工作。主要工作是：整合社会其他方面的组织力量和优质资源，开展以习近平新时代中国特色社会主义思想指导下党和国家事业取得的历史性成就、发生的历史性变革为主的案例式社会实践研学，在国家重大科技基础设施建设单位、重大科研项目研究单位、大型国企等设立一批"新时代高校思政课教师研学基地"，在深入了解党和人民的伟大实践中汲取养分、丰富思想。开展以红船精神、井冈山精神、长征精神、延安精神、西柏坡精神、沂蒙精神、抗战精神、大庆精神、红旗渠精神、"两弹一星"精神、雷锋精神、劳模精神、焦裕禄精神等中国革命精神谱系为主的体验式社会实践研修，引导思政课教师坚定理想信念，不忘初心、牢记使命；依托教育系统自身组织力量和相关资源建设一批"全国高校思想政治理论课教师研修基地"。实施思政课教师国外研修项目，组织思政课骨干教师赴国外调研，帮助教师丰富比较科学素材，增强中国特色社会主义道路自信、理论自信、制度自信、文化自信。②

　　2020 年 1 月，教育部印发《新时代高等学校思想政治理论课教

---

①　中共中央办公厅、国务院办公厅印发《关于深化新时代学校思想政治理论课改革创新的若干意见》［M］//中华人民共和国学校思想政治理论课重要文献选编．北京：人民出版社，2022：1533.

②　中共教育部党组关于印发《"新时代高校思想政治理论课创优行动"工作方案》的通知［M］//中华人民共和国学校思想政治理论课重要文献选编．北京：人民出版社，2022：1540.

师队伍建设规定》（中华人民共和国教育部令第 46 号，简称《规定》），对高校思政课教师的地位、职责与要求、配备与选聘、培养与培训、考核与评价、保障与管理等做出明确规定。《规定》指出，"思政课教师是指承担高等学校思政课教育教学和研究职责的专兼职教师，是高等学校教师队伍中承担开展马克思主义理论教育、用习近平新时代中国特色社会主义思想铸魂育人的中坚力量"。这是首次对思政课教师范围做出界定。同时规定，"思政课教师的首要岗位职责是讲好思政课"。并从四方面规定了思政课教师的岗位要求。《规定》强调，高等学校应当配齐建强思政课专职教师队伍，建设专职为主、专兼结合、数量充足、素质优良的思政课教师队伍。重申"高等学校应当根据全日制在校生总数，严格按照师生比不低于 1∶350 的比例核定专职思政课教师岗位。公办高等学校要在编制内配足，且不得挪作他用"。"高等学校应当设置独立的马克思主义学院等思政课教学科研二级机构，统筹思政课教学科研和教师队伍的管理、培养、培训。"对于机构负责人，还明确"思政课教学科研机构负责人应当是中国共产党党员，并有长期从事思政课教学或者马克思主义理论学科研究的经历。缺少合适人选的高等学校可以采取兼职等办法，从相关单位聘任思政课教学科研机构负责人"。高等学校可以在与思政课教学内容相关的学科遴选优秀教师进行培训后加入思政课教师队伍，专职从事思政课教学；并可以探索胜任思政课教学的党政管理干部转岗为专职思政课教师，积极推动符合条件的辅导员参与思政课教学，鼓励政治素质过硬的相关学科专家转任思政课教师。高等学校可以实行思政课特聘教师、兼职教师制度。鼓励高等学校统筹地方党政领导干部、企事业单位管理专家、社科理论界专家、各行业先进模范以及高等学校党委书记校长、院（系）党政负责人、名家大师和专业课骨干、日常思想政治教育骨干等讲授思政课。支持高等学校建立两院院士、国有企业领导等人士经常性进高校、上思政课讲台的长效机制。实施"高校思政课教师队伍后备人才培养专项支持计划"，专门招收马克思主义理论学科研究生，不断为思政课教师队伍输送高水平人才。①

主管教育部门和高等学校不断加大对思政课教师科学研究的支持力度。教育部人文社科研究项目设立了专项课题，持续有力支持思政课教师开展教学研究。主管教育部门和高等学校加强马克思主义理论教学科研成果学术阵地建设，支持新创办思政课研究学术期刊，相关哲学社会科学类学术期刊设立了思政课研究栏目。

高等学校切实提高专职思政课教师待遇，因地制宜设立思政课教师岗位津贴。大力培养、推荐、表彰思政课教师中的先进典型。全国教育系统先进个人表彰中对思政课教师比例或名额做出规定；国家级教学成果奖、高等学校科学研究优秀成果奖（人文社科）中加大力度支持思政课；"长江学者奖励计划"等高层次人才项目中加大倾斜支持优秀思政课教师的力度。

经过 10 多年时间，高校思政课教师队伍实现了跨越式发展。思政课专任教师数量翻了几番，综合师生比总体达到国家规定标准，整体结构明显优化，为推动思政课高质量发展提供了更为坚实的人

---

① 新时代高等学校思想政治理论课教师队伍建设规定［M］//中华人民共和国学校思想政治理论课重要文献选编．北京：人民出版社，2022：1572．

才支撑。尤其是学校思想政治理论课教师座谈会召开5年半，全国高校思政课教师增至14.5万人，专职教师超过11万人。①　一大批党代表、领导干部、院士、国家级人才、大国工匠、模范人物、知名校友等走进校园、走上讲台，担任兼职思政课教师，受到学生们的普遍欢迎。思政课领域涌现出一批教育部"长江学者"特聘教授、国家"万人计划"领军人才和国家级教学名师等高层次人才。全国教书育人楷模、最美教师、模范教师、优秀教师等评选表彰活动先后开展，一大批兼具家国情怀、传道情怀、仁爱情怀的思政课教师受到全社会的关注和认可。思政课教师争做"大先生"、教"大学问"、育"大英才"的生动局面逐步形成。思政课教师师德师风教育监管工作走向制度化、常态化，"六要"标准成为思政课教师的成长导向，"让有信仰的人讲信仰"成为全社会的普遍共识。

① 不负重托办好学校思想政治理论课 [N]. 人民日报，2024-03-18 (1).

第三章

工作思路不断突破
推动高校思政课改革创新

思想的问题是管总的问题。思政课改革创新首先需要解放思想，在观念认识上来一场自我革新，从而为事业发展指明方向、提供动力。党的十八大以来，高校思政课建设工作大胆创新，牢固坚持问题导向，确立了新的目标：以习近平新时代中国特色社会主义思想为指导，整体推进教材、教师、教学等方面综合改革创新，编写充分反映马克思主义中国化最新成果、教师好用学生爱读的系列教材，建设一支对马克思主义理论真学、真懂、真信、真用的教师队伍，培育推广理论联系实际、富有吸引力感染力的多种教学方法，重点建设一批教学科研皆强的马克思主义学院，逐步构建重点突出、载体丰富、协同创新的思想政治理论课建设体系，不断深化中国特色社会主义和中国梦教育，深入开展社会主义核心价值观教育，加强法治教育，坚持不懈地推动中国特色社会主义理论体系进教材、进课堂、进头脑，不断改善思想政治理论课教学状况，努力把思想政治理论课建设成为学生真心喜爱、终身受益、毕生难忘的优秀课程。其中，创新工作思路和举措最有代表性的是推进大中小学思政课一体化建设、思政课程与课程思政协同推进、思政课小课堂同社会大课堂相互结合。

第一节　大中小学思政课一体化建设

青年学生的爱国情感，文明行为习惯，良好道德品质，遵纪守法意识，科学的世界观、人生观、价值观和中国特色社会主义理想信念，是一个通过教育逐步形成和发展的过程。整体推进大中小学思想政治教育尤其是思政课一体化建设，充分发挥学校教育的主渠道、主阵地、主课堂作用，是加强和改进大学生思想政治教育和中小学生思想品德教育的重要举措，是贯彻党的教育方针的必然要求。

一、大中小学德育体系的整体规划

实际上，围绕不同学段的德育课程衔接问题，在各个历史阶段都有过相关讨论，甚至多次被提上政策议程。早在新中国成立初期，毛泽东就提出，"教育部应当编写一些课文，专门论述艰苦奋斗的，从小学到大学都要讲"①。同时，他还提醒大家注意教材内容相互之间重复的现象，建议"讲猴子变人的社会发展史如果同历史课重复，历史课可以从中华人民共和国成立讲起，讲胜利，讲困难"②。

---

①　中共中央文献研究室．毛泽东文集：第 7 卷 [M]．北京：人民出版社，1999：247．

②　中共中央文献研究室．毛泽东文集：第 7 卷 [M]．北京：人民出版社，1999：247．

这实际上也是在探索不同学段课程整体规划的问题。20世纪60年代初，党和国家对大学和中学两个学段的政治课如何衔接贯通进行了初步改革。例如，安排初一或初二年级开设"做革命的接班人"，初二或初三年级开设"社会发展史"，初三或高一年级开设"我国社会主义革命和建设"，高一或高二年级开设"辩证唯物主义常识"，大学阶段开设"中共党史""哲学""政治经济学"。①

改革开放以后，思政课建设进入快速恢复和发展时期，从"整体规划学校德育体系"到"构建大中小学有效衔接的德育体系"，顶层设计和实践探索都不断深化。1985年8月，《中共中央关于改革学校思想品德和政治理论课程教学的通知》（中发〔1985〕18号），第一次对小学思想品德课、中学思想政治课以及大学马克思主义理论课的课程设置、教学内容和教学方法进行总体规划，指出"紧密联系青少年不同时期的思想、知识、心理发展的特点，循序前进，由浅入深，从具体到抽象，从现象到本质，引导他们逐步树立正确的人生观和世界观，运用正确的观点和方法去积极地思考并回答自己所面临的重大问题，认清和履行我国青年一代的崇高责任"②。1994年8月，中共中央《关于进一步加强和改进学校德育工作的若干意见》，首次明确提出"整体规划学校德育体系"的重大战略任务，强调"要遵循青少年学生思想品德形成的规律和社会发展的要求，根据德育工作的总体目标，科学地规划各教育阶段的具体内容、

---

① 中共中央文献研究室，中央档案馆.建国以来重要文献选编：第19册［M］.北京：中央文献出版社，1998：217.

② 中共中央关于改革学校思想品德和政治理论课程教学的通知［M］//中华人民共和国学校思想政治理论课重要文献选编.北京：人民出版社，2022：612.

实施途径和方法。学生的'五爱'（爱祖国、爱人民、爱劳动、爱科学、爱社会主义）情感，文明的行为习惯，良好的道德品质和遵纪守法意识，科学的世界观、人生观、价值观，社会主义的理想信念，是一个通过教育逐步形成的过程。各种教育内容的深浅和侧重点，要针对不同年龄及学习阶段的理解和接受能力有所不同，逐步提高。各教育阶段的德育课程、教学大纲、教材、读物，教育和管理方法，学生思想品德表现的评定标准及方式等都要据此加强整体衔接，防止简单重复或脱节"①。整体来看，这一时期确立了"整体规划德育体系"的思路，开始强调各学段之间德育的整体衔接，但大中小学体系内部之间联系并不紧密，实际效果并不明显。

面向 21 世纪，中共中央、国务院做出全面推进素质教育的战略部署，提出"按照德育总体目标和学生成长规律，确定不同学龄阶段的德育内容和要求，在培养学生的思想品德和行为规范方面，要形成一定的目标递进层次"②。2003 年 12 月，教育部成立了"整体规划大中小学德育工作领导小组"，组长为时任教育部部长周济。2004 年 3 月，中共中央、国务院印发《关于进一步加强和改进未成年人思想道德建设的若干意见》。同年 8 月，中共中央、国务院又印发《关于进一步加强和改进大学生思想政治教育的意见》（中央"16 号文件"），多次强调学校德育衔接的重要性。为进一步贯彻全国加强和改进大学生思想政治教育工作会议精神和中央"16 号文

---

① 中共中央关于进一步加强和改进学校德育工作的若干意见 [M]//中华人民共和国学校思想政治理论课重要文献选编. 北京：人民出版社，2022：832.

② 中共中央文献研究室. 十五大以来重要文献选编：中 [M]. 北京：人民出版社，2001：858.

件"要求，经党中央同意，中共中央宣传部、教育部于 2005 年 2 月印发《关于进一步加强和改进高等学校思想政治理论课的意见》（"05 方案"），就进一步加强和改进高等学校思想政治理论课提出了明确要求。从"85 方案"到"05 方案"，思政课课程体系的结构和功能在不断完善，大中小学思政课衔接的理念一直贯穿其中。

2005 年 4 月，为贯彻落实 2004 年中共中央、国务院连续印发的《关于进一步加强和改进未成年人思想道德建设的若干意见》和《关于进一步加强和改进大学生思想政治教育的意见》精神，教育部专门印发《关于整体规划大中小学德育体系的意见》，这是国家教育主管部门首次对大中小学思想政治教育一体化专门发文进行指导。针对大中小学各阶段教育目标划分不够准确，内容安排不尽合理，存在一定程度简单重复交叉和脱节等问题，强调要整体规划大中小学德育体系，根据不同教育阶段学生身心特点、思想实际和理解接受能力，准确规范德育目标和内容，科学设置德育课程，积极开展德育活动，努力拓展德育途径，有针对性地进行教育和引导，使学校德育更具科学性，更好地促进青少年学生全面健康成长。当时，已经提出大中小学德育的关系应该是纵向衔接、横向贯通、螺旋上升。

关于课程，《关于整体规划大中小学德育体系的意见》明确小学开设以公民基本道德素质教育为基本内容的品德与生活、品德与社会类课程。中学开设以提高学生思想道德水平为基本内容的思想品德、思想政治类课程。大学开设《马克思主义基本原理》《毛泽东思想、邓小平理论和"三个代表"重要思想概论》《中国近现代史纲要》和《思想道德修养与法律基础》等课程。要科学构建各级各类学校德育课程体系，合理确定课程的设置及课程标准，是整体规划大中小学德育体系工作的重点。不断优化各级各类学校德育课程的设置，并制定德育课程标准，明确教育目标、内容及要求，使小学、中学、大学各教育阶段的德育课程形成由低到高、由浅入深、循环上升、有机统一的体系。① 充分强调了新形势下整体规划大中小学德育体系的重要意义，准确规范了各教育阶段德育的目标和内容，科学规划了各教育阶段的德育课程，同时对各阶段的德育活动及其保障等提出明确要求。

2010 年 7 月，教育部发布《国家中长期教育改革和发展规划纲要（2010—2020 年）》，明确提出要"把德育渗透于教育教学的各个环节，贯穿于学校教育、家庭教育和社会教育的各个方面"，"要构建大中小学有效衔接的德育体系"，"树立系统培养观念，推进大学、中学、小学有机衔接"。这一时期的大中小学思想政治教育一体化、思政课一体化，实际上都已经在落实过程中，但外在政策上主要表现为德育体系化建设。

二、大中小学思政课一体化建设

党的十八大以来，以习近平同志为核心的党中央对大中小学思想政治教育一体化做出一系列重大部署，由"整体规划德育课程"转向"大中小学思政课一体化"，大中小学思政课一体化建设的发展

① 教育部关于整体规划大中小学德育体系的意见［M］//中华人民共和国学校思想政治理论课重要文献选编. 北京：人民出版社，2022：1177.

方向和实施内容不断清晰，育人成效得到进一步提升。

2013 年，《中共中央办公厅关于培育和践行社会主义核心价值观的意见》指出："构建大中小学有效衔接的德育课程体系和教材体系，创新中小学德育课和高校思想政治理论课教育教学，推动社会主义核心价值观进教材、进课堂、进学生头脑。"① 这推动完善了大中小学思政课程的内容一体化。2014 年 3 月，《关于全面深化课程改革落实立德树人根本任务的意见》（教基二〔2014〕4 号）从立德树人的高度引领课程全面改革，深刻剖析大中小学课程存在"整体规划、协同推进不够，与立德树人的要求还存在一定差距……高校、中小学课程目标有机衔接不够，部分学科内容交叉重复，课程教材的系统性、适宜性不强"② 的问题。

2019 年 3 月 18 日，习近平总书记主持召开学校思想政治理论课教师座谈会，强调："在大中小学循序渐进、螺旋上升地开设思想政治理论课非常必要，是培养一代又一代社会主义建设者和接班人的重要保障。""要把统筹推进大中小学思政课一体化建设作为一项重要工程，推动思政课建设内涵式发展"，将立德树人作为贯穿大中小学思政课一体化的主线和灵魂，开启了大中小学思政课一体化的新阶段和新进程。这是党和国家领导人首次明确提出大中小学思政课一体化的命题，体现了以习近平同志为核心的党中央对教育规律、青年成长规律的深刻把握，是在国家整体规划构建德育体系和德育

---

① 加强和改进大学生思想政治教育重要文献选编（1978—2014）［M］.北京：知识产权出版社，2015：645.
② 加强和改进大学生思想政治教育重要文献选编（1978—2014）［M］.北京：知识产权出版社，2015：674.

课程的基础上，不断凝练聚焦和丰富发展的结果。2020 年 12 月，教育部颁布《新时代学校思想政治理论课改革创新实施方案》，强调建立纵向各学段层层递进、横向各课程密切配合、必修课选修课相互协调的课程教材体系，实现课程目标、课程设置、课程教材内容的有效贯通。从这些文件政策就能看出我国对大中小学思政课一体化的重视程度之高，一体化进程步伐加快。

此后，推进大中小学思政课一体化建设成为一项重要工程，从顶层设计到基层实践都取得了重要成果。

一是整体规划思政课课程目标。即在大中小学循序渐进、螺旋上升地开设思政课，引导学生立志成才，树立正确世界观、人生观、价值观，坚定对马克思主义的信仰，坚定对社会主义和共产主义的信念，增强中国特色社会主义道路自信、理论自信、制度自信、文化自信，厚植爱国主义情怀，把爱国情、强国志、报国行自觉融入坚持和发展中国特色社会主义事业、建设社会主义现代化强国、实现中华民族伟大复兴的奋斗之中。大学阶段重在增强使命担当，引导学生矢志不渝听党话跟党走，争做社会主义合格建设者和可靠接班人。高中阶段重在提升政治素养，引导学生衷心拥护党的领导和我国社会主义制度，形成做社会主义建设者和接班人的政治认同。初中阶段重在打牢思想基础，引导学生把党、祖国、人民装在心中，强化做社会主义建设者和接班人的思想意识。小学阶段重在启蒙道德情感，引导学生形成爱党、爱国、爱社会主义、爱人民、爱集体的情感，具有做社会主义建设者和接班人的美好愿望。

二是调整创新思政课课程体系设计。在保持思政课必修课程相对稳定基础上，结合大中小学各学段特点构建形成必修课加选修课的课程体系。博士阶段开设"中国马克思主义与当代"，硕士阶段开设"中国特色社会主义理论与实践研究"；本科阶段开设"马克思主义基本原理概论""毛泽东思想和中国特色社会主义理论体系概论""中国近现代史纲要""思想道德修养与法治""形势与政策"；专科阶段开设"毛泽东思想和中国特色社会主义理论体系概论""思想道德修养与法治""形势与政策"等必修课。各高校重点围绕习近平新时代中国特色社会主义思想，党史、国史、改革开放史、社会主义发展史，宪法法律，中华优秀传统文化等设定课程模块，开设系列选择性必修课程。高中阶段开设"思想政治"必修课程，围绕学习习近平总书记最新重要讲话精神开设"思想政治"选择性必修课程。初中、小学阶段开设"道德与法治"必修课程，可结合校本课程、兴趣班开设思政类选修课程。

三是统筹推进思政课课程内容建设。坚持用习近平新时代中国特色社会主义思想铸魂育人，以政治认同、家国情怀、道德修养、法治意识、文化素养为重点，以爱党、爱国、爱社会主义、爱人民、爱集体为主线，坚持爱国和爱党爱社会主义相统一，系统开展马克思主义理论教育，系统进行中国特色社会主义和中国梦教育、社会主义核心价值观教育、法治教育、劳动教育、心理健康教育、中华优秀传统文化教育。遵循学生认知规律设计课程内容，体现不同学段特点，研究生阶段重在开展探究性学习，本专科阶段重在开展理论性学习，高中阶段重在开展常识性学习，初中阶段重在开展体验性学习，小学阶段重在开展启蒙性学习。

　　四是统筹推进思政课教材体系建设。由国家教材委员会统筹大中小学思政课教材建设，科学制定教材建设规划，注重提升思政课教材的政治性、时代性、科学性、可读性。国家统一开设的大中小学思政课教材全部由国家教材委员会组织统编统审统用，在教材中及时融入马克思主义中国化最新成果、坚持和发展中国特色社会主义最新经验、马克思主义理论学科最新研究进展。研究编制习近平新时代中国特色社会主义思想进课程教材指导纲要，研究编制中华优秀传统文化、革命文化、社会主义先进文化、科技创新文化及总体国家安全观等进课程教材指南，编制中华民族古代历史和革命建设改革时期英雄人物、先进模范进课程教材图谱等。①

　　五是加强组织领导和专家指导。2020 年 12 月，教育部专门成立大中小学思政课一体化建设指导委员会，是在部党组领导下，深化学校思政课改革创新的决策协调议事机构，对大中小学思政课一体化建设进行领导、指导、咨询、示范、培训、研判等。主要任务是统筹协调教育部相关司局，指导推动各地教育部门、各学校贯彻落实党中央关于大中小学思政课一体化建设的有关决策部署，教育部关于深化学校思政课改革创新的工作要求，总结推广先进经验；审议和研究部署大中小学思政课教材建设、教学方法改革、师资队伍建设等重大事项；组织专家指导组就大中小学思政课一体化建设开展前瞻研究、评价指导、工作研讨、经验总结、问题研判等理论与实践工作。一体化建设指导委员会主任由时任教育部党组书记、部

---

① 中共中央办公厅、国务院办公厅印发《关于深化新时代学校思想政治理论课改革创新的若干意见》［M］//中华人民共和国学校思想政治理论课重要文献选编．北京：人民出版社，2022：1531.

长陈宝生同志担任，分管副部长任副主任，教育部相关司局主要负责同志和部分专家任委员。同时设立了建设专家指导组，聘请来自高校、中学、小学的教师担任指导专家。① 2022 年 12 月，教育部又在全国设立了 32 个大中小学思政课一体化共同体，力图在省级层面打造一批理论与实践相结合的创新性研究型工作平台，努力形成一套工作机制、孵化一批品牌活动、打造一批示范"金课"、产出一批优质课程资源、形成一批高水平教学研究成果、提供一批高质量智库咨政报告、培养一支优秀师资队伍，为深入推动全国大中小学开展思政课一体化理论研究和实践探索，提供工作平台、实践经验、理论支撑和决策咨询。

三、各地各校的积极探索与成效

除了顶层设计和制度保障，各地各校也都就推进大中小学思政课一体化建设做了大量探索，取得了重要成效。比较成熟的工作方式有以下几种。

一是重点高校马克思主义学院牵头带动。例如，四川省提出，省内的全国和省级高校重点马克思主义学院要对口帮扶 1~2 所相对薄弱的高校马克思主义学院，与一个市州教育部门建立联系机制，带动和辐射中小学思政课建设。鼓励各高校马克思主义学院与有关市州、县市区教育部门结对，中学与小学结对，加强思政课一体化

---

① 教育部办公厅关于成立教育部大中小学思政课一体化建设指导委员会的通知[M]//中华人民共和国学校思想政治理论课重要文献选编.北京：人民出版社，2022：1613.

建设。结对双方通过开展思政课教育教学交流活动等方式，切实提升思政教育水平，推动思想政治教育入脑入心。① 浙江省以高校的"大手"拉住中小学的"小手"，全省 11 所高校的马克思主义学院牵头，聚焦课程体系、教材体系、教学体系、评价体系和师训体系一体化，推动建立教育共同体，整合发挥资源优势，为大中小学思政课一体化建设做出新探索。② 清华大学马克思主义学院首次开设"思政课骨干教师提升计划"教育博士项目，面向中小学思政课一线优秀教师招收攻读教育博士专业学位研究生，项目首届共录取 25 名学生，全部为中小学全职优秀教师。③

二是跨学段一体化、一贯制办学学校示范带动。有小学、初中、高中等多学段的东北师范大学附属中学，从学段目标定位、课程教材、教学科研和教师队伍等方面构建起思政教育一体化工作体系。④ 华东师范大学同样利用拥有附属小学、初中、高中的优势，在"大中小一体化"联动式"大思政课"建设方面做出很多探索。⑤ 东华大学马克思主义学院的研究生带着"红色文化"思政课走进东华附校，向学生们传递新时代的爱国精神；华东政法大学的大学生为华政附校学生开设了"晓法讲堂"，帮助小学生增强法律意识。⑥

---

① 跑好思政教育接力赛：四川推进大中小学思政课一体化建设 ［N］. 光明日报，2021-03-22 （1）.
② 打造思政课一体化的重要窗口 ［N］. 中国教育报，2021-04-29 （11）.
③ 凝聚培养时代新人的强大合力：全国各地推进大中小学思政课一体化建设综述 ［N］. 中国教育报，2020-03-18 （11）.
④ 中小学思政教育如何打通学段 ［N］. 中国教育报，2021-06-16 （11）.
⑤ 上海大中小学创新"大思政课"针对不同年龄段青少年，党史讲什么、怎么讲有讲究 ［N］. 中国青年报，2021-03-18 （1）.
⑥ 上海打造大中小一体化思政育人"金课"［EB/OL］. 央广网，2020-10-27.

三是以片区龙头学校为中心辐射带动。杭州师范大学、杭师附小、惠兴中学、台州市路桥区路北中心小学，以及贵州省雷山县教育局、湖北省恩施州鹤峰县教研室成立了"全国思政教育联盟"。联盟成立后，重点聚焦一体化教研、思政师资等方面的研究。同时，进行更纵向的拓展，以大中小学思政教育"一体化"破局，打通区域、学校、校际界限，通过体制创新与方法创新、面上推进与点上突破、课程共建与师资共培相结合，通过区域治理协同、多元主体联动，推动思政教育创新发展。①

四是普通学校省区市统筹带动。北京市组织研制《北京市大中小幼一体化德育体系建设实施纲要》；山东省编制完成囊括小学、初中、高中17门学科的《山东省中小学生德育课程一体化实施指导纲要》；浙江省组织编写《中小学德育课程教学指导意见》和29门学科的《中小学学科德育指导纲要》。② 上海市创新一体化构建大中小幼各学段教育内容纵向衔接，学校第一课堂、校内外第二课堂和网络第三课堂横向贯通，学校、家庭和社会协同融合的全员、全程、全方位的育人联动机制。一体贯通、循序渐进的德育体系，形成了"三圈三全"育人大格局。③ 从"中国系列"课程到"课程思政"品牌，再到疫情防控期间"云思政"，上海形成以思政必修课为核心、90多门"中国系列"课程为骨干、3000多门综合素养课为支

---

① 百年红船领航程：浙江推进大中小学思政课一体化的探索之路［N］.中国教育报，2021-04-29（11）.
② 凝聚培养时代新人的强大合力：全国各地推进大中小学思政课一体化建设综述［N］.中国教育报，2020-03-18（11）.
③ 从思政小课堂走向社会大课堂［N］.解放日报，2020-12-01（1）.

撑、上万门专业课为辐射的"课程思政"同心圆。① 天津市在全市范围内建立跨学段协同机制，每所学校至少与一所跨学段学校签约共建，联合开展课程开发、教学研究等。专门投入 2000 万元支持建设了 10 门"一校一品"思政选修品牌课、100 门"课程思政"精品课程和 100 门中小学"学科德育"特色课，形成了覆盖大中小学的全课程支持体系。② 浙江省各地大中小学结合实际探索不同模式，构建"大思政"的教育体系，开展课程研究、教学研讨、教师培训等活动，探索在教师队伍、教材建设及教学方式方法上做好协同创新。③ 吉林省立足破解大中小学思政课教师"自我封闭""各自为战"等问题，强化备课要求，推进制度建设；强化备课目标，推进贯通衔接；强化备课组织，推进质量提升；强化团队建设，推进互帮互学；强化资源共享，推进平台建设，以"五强化五推进"开展一体化集体备课，推动实现大中小学思政课课堂承续贯通、有序衔接。④

五是教育集团合力推动。北京市史家教育集团以法治教育为突破口，寻找大中小（学）不同学段法治教育的联通点，系统构建青少年法治教育体系，全面提升中小学生的法治素养与法治意识，大力弘扬社会主义法治精神，深入推进大中小学思想政治理论课一体

① "中国系列"课形成跨学段育人合力 ［N］. 解放日报，2020-03-18（6）.
② 大中小学融通　循序渐进育人 ［N］. 中国教育报，2020-04-17（11）.
③ 百年红船领航程：浙江推进大中小学思政课一体化的探索之路 ［N］. 中国教育报，2021-04-29（11）.
④ 思政课建设内涵式发展何以闯出新路：专家畅谈用习近平新时代中国特色社会主义思想铸魂育人 ［N］. 中国教育报，2021-04-21（11）.

化发展。[①] 上海市进才教育集团多所中小学研发的9节思政课成为样板课程，浦东复旦附中分校、上海市航空服务学校、第二中心小学、锦绣小学、孙桥小学在各自结对高校的指导下研发的5节思政课成为精品课程。[②]

目前，已有30个省级教育部门设立大中小学思想政治教育或思政课一体化建设指导机构。32个省级大中小学思政课一体化共同体充分发挥试点先行、省内指导作用，指导共同体开发小学、初中、高中、中职、高职专科、本科"同题异构"课程资源，各地开发的一体化课程资源遵循教材、选题多样，因地制宜、特色鲜明，形式创新、制作精美，大中小学思政课一体化建设取得了重要成效。

第二节　思政课程与课程思政协同推进

培养什么人、怎样培养人、为谁培养人是教育的根本问题，立德树人成效是检验高校一切工作的根本标准。落实立德树人根本任务，必须将价值塑造、知识传授和能力培养三者融为一体，不可割裂。全面推进思政课程与课程思政协同发展，就是要寓价值观引导于知识传授和能力培养之中，帮助学生塑造正确的世界观、人生观、价值观，这是人才培养的应有之义，更是必备内容。

---

① 北京东城成立青少年法治教育和思政课一体化共建基地［N］. 中国教育报，2020-12-07（11）.

② 160多所浦东中小学与高校"牵手"！浦东大中小学思政一体化覆盖率达五成［EB/OL］. 澎湃网，2021-10-22.

一、落实立德树人根本任务的战略举措

高等学校人才培养是育人和育才相统一的过程。建设高水平人才培养体系，必须将思想政治工作体系贯通其中，必须抓好课程思政建设，解决好专业教育和思政教育"两张皮"问题。思政课程与课程思政协同推进，事关中国特色社会主义事业接班人问题，事关国家长治久安，事关民族复兴和强国建设。

早在 1980 年，教育部、共青团中央《关于加强高等学校学生思想政治工作的意见》就曾提出，"不仅专职、兼职的政工干部要做思想政治工作，业务课教师也要做思想政治工作，特别要注意发挥马列主义理论课教师和各科骨干教师的作用。教师是政治思想和科学文化的传播者，学生尊重知识，尤其尊重把知识传授给他们的教师，这是教师做思想政治工作的有利条件。要提倡既教书又育人，那种认为教师只管教书的看法，是不全面的"①。2004 年 8 月，中共中央、国务院《关于进一步加强和改进大学生思想政治教育的意见》（中发〔2004〕16 号）就指出，"坚持教书与育人相结合。学校教育要坚持育人为本、德育为先，把人才培养作为根本任务，把思想政治教育摆在首要位置"，明确"高等学校哲学社会科学课程负有思想政治教育的重要职责。哲学社会科学中的绝大部分学科都具有鲜明的意识形态属性，对于帮助大学生坚定正确的政治方向，正确认识和分析复杂的社会现象，提高思想道德修养和精神境界具有十分重

---

① 教育部、共青团中央关于加强高等学校学生思想政治工作的意见［M］//中华人民共和国学校思想政治理论课重要文献选编. 北京：人民出版社，2022：502.

要作用"。"高等学校各门课程都具有育人功能，所有教师都负有育人职责"。① 也强调育人工作是一个系统工程，各个环节要协调配合，形成合力。

2016 年 12 月，习近平总书记在全国高校思想政治工作会议上强调，"要用好课堂教学这个主渠道，思想政治理论课要坚持在改进中加强，提升思想政治教育亲和力和针对性，满足学生成长发展需求和期待，其他各门课都要守好一段渠、种好责任田，使各类课程与思想政治理论课同向同行，形成协同效应"②。这就明确提出了各门课程都具有育人功能和责任。2016 年 12 月，中共中央、国务院《关于加强和改进新形势下高校思想政治工作的意见》指出，"坚持全员全过程全方位育人。把思想价值引领贯穿教育教学全过程和各环节，形成教书育人、科研育人、实践育人、管理育人、服务育人、文化育人、组织育人长效机制"③。

2019 年 3 月，习近平总书记在学校思想政治理论课教师座谈会上指出，"各类课程同思政课建设的协同效应还有待增强"，要求"要完善课程体系，解决好各类课程和思政课相互配合的问题，鼓励教学名师到思政课堂上讲课，解决好推动其他教职员工和思政课教师相辅相成的问题，推动思想政治工作贯通人才培养体系，发挥融

① 中共中央、国务院关于进一步加强和改进大学生思想政治教育的意见［M］//中华人民共和国学校思想政治理论课重要文献选编. 北京：人民出版社，2022：1111.

② 习近平在全国高校思想政治工作会议上强调 把思想政治工作贯穿教育教学全过程 开创我国高等教育事业发展新局面［N］. 人民日报，2016-12-09（1）.

③ 中共中央、国务院关于加强和改进新形势下高校思想政治工作的意见［M］//中华人民共和国学校思想政治理论课重要文献选编. 北京：人民出版社，2022：1421.

入式、嵌入式、渗入式的立德树人协同效应"①。更加明确了思政课程与课程思政的协同关系。2019 年 8 月，中办、国办《关于深化新时代学校思想政治理论课改革创新的若干意见》提出，整体推进高校课程思政和中小学学科德育。深度挖掘高校各学科门类专业课程和中小学语文、历史、地理、体育、艺术等所有课程蕴含的思想政治教育资源，解决好各类课程与思政课相互配合的问题，发挥所有课程育人功能，构建全面覆盖、类型丰富、层次递进、相互支撑的课程体系，使各类课程与思政课同向同行，形成协同效应。建成一批课程思政示范高校，推出一批课程思政示范课程，选树一批课程思政教学名师和团队，建设一批高校课程思政教学研究示范中心。②

进入新时代，尤其是学校思想政治理论课教师座谈会后，教育主管部门和各地各校对课程思政的关注和重视程度逐步提高，各项政策措施和工作举措陆续出台，各种形式和内容的活动开始涌现。

二、思政课程与课程思政协同推进的科学内涵

在深入学习贯彻习近平总书记在全国高校思想政治工作会议上的重要讲话精神过程中，上海率先提出了"课程思政"理念，把"课程思政"与思政课程相结合，形成协同效应。课程思政与思政课程的本质都在于强调课程的思想政治教育功能，因而二者具有内在

---

① 习近平. 思政课是落实立德树人根本任务的关键课程［J］. 求是，2020（17）16.

② 中共中央办公厅、国务院办公厅印发《关于深化新时代学校思想政治理论课改革创新的若干意见》［M］//中华人民共和国学校思想政治理论课重要文献选编. 北京：人民出版社，2022：1535.

的本质联系。

二者具有共同的育人目标。立德树人是教育的根本任务。"古今中外，每个国家都是按照自己的政治要求来培养人的，世界一流大学都是在服务自己国家发展中成长起来的。我国社会主义教育就是要培养社会主义建设者和接班人。"① 由此，大学里的每一门课程、每一项工作都应该围绕立德树人这个核心和根本。思想政治理论课是落实立德树人根本任务的主渠道，但不是唯一渠道，其他各门课程也都蕴含着思想政治教育元素，都应该服务于"培养担当民族复兴大任的时代新人，培养德智体美劳全面发展的社会主义建设者和接班人"这个共同目标。

思政课程与课程思政虽然在本质上具有一致性，但二者又各有侧重，需要加以区分，否则也会出现偏差。要准确把握不同性质课程特点，既要牢牢把握思政理论课的核心地位，又要充分发挥其他所有课程的育人价值。否则，就会出现要么把专业课程"思政化"，要么忽视思政课主渠道作用的倾向，难以达到预期效果。"课程思政"的"思政"主要侧重于思想价值引领，强调挖掘各门课程的思想政治教育元素，增强其政治意识和价值引领；而思政课程的"思政"侧重于思想政治理论，主要进行系统的思想政治理论教育。在具体实践中，要避免专业课"思政化"，不能违背专业课的教学特点和教育规律；也要避免思政课"通识化"，淡化教学内容的意识形态性。

思政课程与课程思政协同推进要紧紧抓住教师队伍"主力军"、

---

① 习近平. 在北京大学师生座谈会上的讲话［N］. 人民日报，2018-05-03（1）.

课程建设"主战场"、课堂教学"主渠道",让所有高校、所有教师、所有课程都承担好育人责任,守好一段渠、种好责任田,构建全员全过程全方位育人大格局。牢固确立人才培养的中心地位,围绕构建高水平人才培养体系,不断完善课程思政工作体系、教学体系和内容体系。围绕人才培养目标,统筹做好各学科专业、各类课程的课程思政建设。紧紧围绕国家和区域发展需求,结合学校发展定位和人才培养目标,构建全面覆盖、类型丰富、层次递进、相互支撑的课程思政体系。必须把教育教学作为最基础最根本的工作,深入挖掘各类课程和教学方式中蕴含的思想政治教育资源,让学生通过学习,掌握事物发展规律,通晓天下道理,丰富学识,增长见识,塑造品格,努力成为德智体美劳全面发展的社会主义建设者和接班人。

三、思政课程与课程思政协同推进的举措与成效

为把思想政治教育贯穿人才培养体系当中,全面推进高校课程思政建设,发挥好每门课程的育人作用,提高高校人才培养质量,教育部于 2020 年 5 月印发《高等学校课程思政建设指导纲要》(简称《纲要》),明确了课程思政建设的重要意义、目标要求和内容重点,并从多方面提出了课程思政建设的路径。

一是科学设计课程思政教学体系。在公共基础课程方面,重点建设一批提高大学生思想道德修养、人文素质、科学精神、宪法法治意识、国家安全意识和认知能力的课程,注重在潜移默化中坚定学生理想信念、厚植爱国主义情怀、加强品德修养、增长知识见识、培养奋斗精神，提升学生综合素质。打造一批有特色的体育、美育类课程，帮助学生在体育锻炼中享受乐趣、增强体质、健全人格、锤炼意志，在美育教学中提升审美素养、陶冶情操、温润心灵、激发创造创新活力。在专业教育课程方面，根据不同学科专业的特色和优势，深入研究不同专业的育人目标，深度挖掘提炼专业知识体系中所蕴含的思想价值和精神内涵，科学合理拓展专业课程的广度、深度和温度，从课程所涉专业、行业、国家、国际、文化、历史等角度，增加课程的知识性、人文性，提升引领性、时代性和开放性。在实践类课程方面，专业实验实践课程要注重学思结合、知行统一，增强学生勇于探索的创新精神、善于解决问题的实践能力。创新创业教育课程要注重让学生"敢闯会创"，在亲身参与中增强创新精神、创造意识和创业能力。社会实践类课程要注重教育和引导学生弘扬劳动精神，将"读万卷书"与"行万里路"相结合，扎根中国大地了解国情民情，在实践中增长智慧才干，在艰苦奋斗中锤炼意志品质。

二是结合专业特点分类推进课程思政建设。文学、历史学、哲学类专业课程要在课程教学中帮助学生掌握马克思主义世界观和方法论，从历史与现实、理论与实践等维度深刻理解习近平新时代中国特色社会主义思想。结合专业知识教育引导学生深刻理解社会主义核心价值观，自觉弘扬中华优秀传统文化、革命文化、社会主义先进文化。经济学、管理学、法学类专业课程要在课程教学中坚持以马克思主义为指导，加快构建中国特色哲学社会科学学科体系、学术体系、话语体系。帮助学生了解相关专业和行业领域的国家战略、法律法规和相关政策，引导学生深入社会实践、关注现实问题，培育学生经世济民、诚信服务、德法兼修的职业素养。教育学类专业课程要在课程教学中注重加强师德师风教育，突出课堂育德、典型树德、规则立德，引导学生树立学为人师、行为世范的职业理想，培育爱国守法、规范从教的职业操守，培养学生传道情怀、授业底蕴、解惑能力，把对家国的爱、对教育的爱、对学生的爱融为一体，自觉以德立身、以德立学、以德施教，争做有理想信念、有道德情操、有扎实学识、有仁爱之心的"四有"好老师，坚定不移走中国特色社会主义教育发展道路。体育类课程要树立健康第一的教育理念，注重爱国主义教育和传统文化教育，培养学生顽强拼搏、奋斗有我的信念，激发学生提升全民族身体素质的责任感。理学、工学类专业课程要在课程教学中把马克思主义立场观点方法的教育与科学精神的培养结合起来，提高学生正确认识问题、分析问题和解决问题的能力。理学类专业课程要注重科学思维方法的训练和科学伦理的教育，培养学生探索未知、追求真理、勇攀科学高峰的责任感和使命感。工学类专业课程要注重强化学生工程伦理教育，培养学生精益求精的大国工匠精神，激发学生科技报国的家国情怀和使命担当。农学类专业课程要在课程教学中加强生态文明教育，引导学生树立和践行绿水青山就是金山银山的理念。要注重培养学生的大国"三农"情怀，引导学生以强农兴农为己任，"懂农业、爱农村、爱农民"，树立把论文写在祖国大地上的意识和信念，增强学生服务农业农村现代化、服务乡村全面振兴的使命感和责任感，培养知农爱农创新人才。医学类专业课程要在课程教学中注重加强医德医风教育，着力培养学生"敬佑生命、救死扶伤、甘于奉献、大爱无疆"的医者精神，注重加强医者仁心教育，在培养精湛医术的同时，教育引导学生始终把人民群众生命安全和身体健康放在首位，尊重患者，善于沟通，提升综合素养和人文修养，提升依法应对重大突发公共卫生事件能力，做党和人民信赖的好医生。艺术学类专业课程要在课程教学中教育引导学生立足时代、扎根人民、深入生活，树立正确的艺术观和创作观。要坚持以美育人、以美化人，积极弘扬中华美育精神，引导学生自觉传承和弘扬中华优秀传统文化，全面提高学生的审美和人文素养，增强文化自信。

三是提升教师课程思政建设的意识和能力。要推动广大教师进一步强化育人意识，找准育人角度，提升育人能力，确保课程思政建设落地落实、见功见效。加强教师课程思政能力建设，建立健全优质资源共享机制，支持各地各高校搭建课程思政建设交流平台，分区域、分学科专业领域开展经常性的典型经验交流、现场教学观摩、教师教学培训等活动，充分利用现代信息技术手段，促进优质资源在各区域、层次、类型的高校间共享共用。依托高校教师网络培训中心、教师教学发展中心等，深入开展马克思主义政治经济学、马克思主义新闻观、中国特色社会主义法治理论、法律职业伦理、工程伦理、医学人文教育等专题培训。支持高校将课程思政纳入教师岗前培训、在岗培训和师德师风、教学能力专题培训等。充分发挥教研室、教学团队、课程组等基层教学组织作用，建立课程思政集体教研制度。鼓励支持思政课教师与专业课教师合作教学教研，鼓励支持院士、"长江学者"、"杰青"、国家级教学名师等带头开展课程思政建设。加强课程思政建设重点、难点、前瞻性问题的研究，在教育部哲学社会科学研究项目中积极支持课程思政类研究选题。充分发挥高校课程思政教学研究中心、思想政治工作创新发展中心、马克思主义学院和相关学科专业教学组织的作用，构建多层次课程思政建设研究体系。

四是建立健全课程思政建设质量评价体系和激励机制。建立健全多维度的课程思政建设成效考核评价体系和监督检查机制，在各类考核评估评价工作和深化高校教育教学改革中落细落实。充分发挥各级各类教学指导委员会、学科评议组、专业学位教育指导委员会、行业职业教育教学指导委员会等专家组织作用，研究制订科学多元的课程思政评价标准。把课程思政建设成效作为"双一流"建设监测与成效评价、学科评估、本科教学评估、一流专业和一流课程建设、专业认证、"双高计划"评价、高校或院系教学绩效考核等的重要内容。把教师参与课程思政建设情况和教学效果作为教师考核评价、岗位聘用、评优奖励、选拔培训的重要内容。在教学成果奖、教材奖等各类成果的表彰奖励工作中，突出课程思政要求，加大对课程思政建设优秀成果的支持力度。

在《纲要》指导下，各地各校课程思政建设快速推进。上海自2014年就已经开设以中国为主题的"大国方略"课程。之后，在上海高校形成规模效应，以中国为主题的"课程思政"系列在全国产生很大影响。重庆大学先后制定《课程育人体系建设方案》《课程思政建设实施办法》《课程思政教学指导手册》等，明确课程思政建设目标、任务和要求，不断优化实施机制；针对专业教育课程，融入家国情怀、社会责任、科学家精神、人文精神、职业素养等元素，整理编撰《课程思政教案集萃》；修订《本科课程建设规范》《研究生课程教学管理办法》，将课程思政要求贯穿课堂授课、教学研讨、实验实训、作业论文等各环节。积极开发教学资源，建设课程思政案例库，共建共享 2000 余个课程思政教学优秀案例；针对不同课程类型及特点，开展面向学校全部课程、全体教师的课程思政能力培训，组织"课程思政教学工作坊"等研修活动。

长安大学将课程思政建设列入学校党政工作要点和发展规划，定期开展课程思政建设实施推进情况专项督查，开展课程思政建设大讨论，推进"学校—学院—系—专业—课程组"全链条深化课程思政建设的研讨和实践；设立"一院一策""一域一特色""一课一思政"课程思政建设专项，推动各专业将思政元素充分融入课堂教学，努力实现课程思政覆盖所有课程、思政教育覆盖各个培养环节；紧密结合学科特色，充分挖掘交通运输、国土资源、城乡建设三大行业领域相关思政育人元素，开设"交通强国""地学人与国土文化""绿色建筑与人居环境"3 门行业特色课程思政示范课程，深入推进行业文化育人，教育引导学生培育兴业报国之志，进一步激发投身行业、奉献社会的使命感和责任感；结合专业特点，重点建设120 门本科课程思政示范课程、49 门研究生课程思政示范课程，着力打造涵盖多个学科专业的课程思政示范群。

厦门大学充分利用区域内红色资源，以长征精神等为主题，深入开展"传承红色基因 讲好福建故事"红色教育。实施课程思政建设示范工程，立项建设经济学、法学、生态学等 10 个示范专业，推出 188 门示范课程，设立 25 个教学研究项目，实现示范项目学院全覆盖。构建"专业学院+马克思主义学院/教育研究院"课程思政建设联合体，推动马克思主义学院、教育研究院教师与其他学院教师"结对"交流，合力打造示范课堂、优秀案例，携手开展课题研究、论文撰写等。落实集体教研制度，组织教学课程组加强常态化教学研究，开展课程思政专题研讨、集体备课、示范观摩等。

浙江大学制定《深化思政课程和课程思政建设机制改革实施方案》，遴选 11 门研究生课程开展课程思政试点，将课程思政落实到课程目标设计、教学大纲修订、教材编审选用、教案课件编写等各方面，贯穿于课堂授课、教学研讨、实验实训、作业论文各环节，已初步建成"工程物理导论""中国传统文化专题研究"等一批示范课程。利用求是新闻网、官方微博、微信、头条号等新媒体平台，积极宣传学校课程思政建设好经验、好做法，不断提升"浙大模式"的认可度。

从内容上看，课程各不相同，但从目标上看，所有课程都指向培育中国特色社会主义建设者和接班人这一根本目标。坚持思想政治理论课与专业课相结合，注重发挥所有课程的育人功能，是所有教师的育人职责。新时代课程思政建设还将持续加强，思政课程与课程思政之间的互动与配合也将更加默契，效果更加凸显。

第三节　思政小课堂同社会大课堂相互结合

作为落实立德树人根本任务的关键课程，思想政治理论课致力于培养既具有马克思主义理论素养，又具有创新发展实践能力的担当民族复兴大任的有用人才。习近平总书记在学校思想政治理论课教师座谈会上强调，"要坚持理论性和实践性相统一，用科学理论培养人，重视思政课的实践性，把思政小课堂同社会大课堂结合起来，教育引导学生立鸿鹄志，做奋斗者"①。新时代思想政治理论课坚持理论性和实践性相统一，对于满足学生成长发展需求和期待，促进青年学生知行合一，提升教学实效，具有重要意义。

一、思政课必须坚持理论性和实践性相统一

理论性是思想政治理论课的鲜明属性。思想政治理论课作为一门课程，以思想素质、政治素养、道德品质为指向，关涉人的世界观、人生观、价值观等本源问题，根本是要用科学的理论培养人，遵循不同学段学生的认知规律，把马克思主义基本原理讲清楚、讲透彻。

但同时，思想政治理论课也要引导学生运用马克思主义的立场观点方法分析、解决现实问题。"哲学家们只是用不同的方式解释世界，而问题在于改变世界。"② 实践是人能动地改造世界的对象化活动，构成了全部社会生活的本质。思想政治理论课是关乎人的思想观念与行为发展的教学实践活动，立足实际，观照现实，并以内化观念、

---

① 习近平主持召开学校思想政治理论课教师座谈会强调 用新时代中国特色社会主义思想铸魂育人 贯彻党的教育方针落实立德树人根本任务 [N]. 人民日报，2019-03-19（1）.

② 中共中央马克思恩格斯列宁斯大林著作编译局. 马克思恩格斯选集：第1卷 [M]. 北京：人民出版社，2012：140.

外化行为、涵养行为习惯为课程立意，具有强烈的实践指向性。

理论与实践都是思想政治理论课的重要内容。马克思主义为什么行，中国共产党为什么能，中国特色社会主义为什么好，不仅是个理论问题，更是个实践问题。只有让青年学生置身革命、建设、改革的具体历史场景和现实环境中，才能将理论学习与实践感受融会贯通，才能有效解决如何正确认识世界和中国发展大势、如何正确认识中国特色和国际比较、如何正确认识时代责任和历史使命、如何正确认识远大抱负和脚踏实地等思想问题。

思想政治理论课既注重学生自身马克思主义理论知识体系的构建，也强调学生运用马克思主义立场观点方法分析、解决现实问题的能力培养，在注重知识传授的同时，凸显行为指导意蕴。理论源于实践，社会实践的变化必然引起理论的创新，但理论创新成果的显现及其教材化具有相对滞后性。因此，思想政治理论课必须立足社会实践，就学生关心的热点问题运用马克思主义的立场观点方法予以分析和解答，回应而不回避现实问题，在对现实问题的应答中提高理论的信服力与认同度，也增强学生进行价值判断和行为选择的能力。

二、思政课社会实践教学的发展历程

思政课开展实践教学是由其课程性质和功能决定的，思政课早期建设就已经包含了实践教学内容。早在 1950 年的思政课教学中，就已经出现了实践教学的影子。当时，教育部的主要倾向是"适当配合实际活动是正确的，但不宜过多，尤应防止以实际活动为主，

忽视系统的理论学习的偏向"①。1955 年 4 月，教育部负责同志在讲话中又提到"必须改进课外活动，提高它的思想性，加强与课内教学活动的配合和联系。适当地组织课外活动，对于向学生进行共产主义道德教育和引导他们进行自我教育，对于锻炼他们的组织性和领导才能，丰富他们的文化知识和增强他们的体质，都是有重大意义的……但对课外活动必须结合教学工作，由党和行政领导上统一妥善安排，有领导、有计划地来进行"。"课外活动一般可采取下列方式进行：建立经常的时事教育制度。适当地组织有关青年修养问题及其他问题的专题报告和座谈。积极开展群众性的正常文娱体育活动。适当地组织学生进行一些对公众有益的社会劳动。"②

十一届三中全会后，为扭转因纠正"文化大革命"片面强调劳动实践活动而产生的片面强调理论教育的不良趋势，1978 年 10 月，教育部印发《关于讨论和试行〈全国重点高等学校暂行工作条例〉（试行草案）的通知》，重新强调生产劳动的重要性，指出"要通过生产劳动以及实验、实习、社会调查、社会生活等，使学生获得必要的直接知识和实践锻炼"③。1984 年 9 月，中共中央宣传部、教育部印发《关于高等学校学生参加生产劳动的若干规定》，对生产劳动的学时、形式等做出具体规定，并强调应将其纳入教学计划。1985年 8 月，中共中央《关于改革学校思想品德和政治理论课程教学的

① 教育部关于华北区各高等学校本学期政治课教学计划的几点提示［M］//中华人民共和国学校思想政治理论课重要文献选编 . 北京：人民出版社，2022：71.
② 关于高等学校的政治思想教育工作［M］//中华人民共和国学校思想政治理论课重要文献选编 . 北京：人民出版社，2022：242.
③ 教育部思想政治工作司 . 加强和改进大学生思想政治教育重要文献汇编（1978—2014）［M］. 北京：知识产权出版社，2015：2.

通知》强调，"在高中和大学阶段，要精心组织学生进行自由活泼的课堂讨论，积极组织学生参加丰富的切实的社会实践和社会调查，以培养他们发现、提出和解决理论问题及实际问题的能力"①。

1991 年，《国家教育委员会关于加强和改进高等学校马克思主义理论教育的若干意见》指出，"为了提高教学效果，应围绕教学内容适当组织学生参加社会实践活动，使学生在接触实际中接受教育。可以结合课程教学，组织必要的参观、调查，还可以利用假期进行社会调查"。"通过参加社会实践活动，使学生在实践中学习运用马克思主义的立场、观点、方法观察和分析问题，巩固所学习的理论知识，增强了马克思主义理论课的吸引力和说服力。各级教育主管部门和高校都应为开展社会实践活动积极创造条件。"②

2004 年 5 月，胡锦涛同志在全国加强和改进未成年人思想道德建设工作会议上的讲话中指出："推进未成年人思想道德建设，必须坚持教育与社会实践相结合的教育方针。既重视课堂教育又重视社会实践，既进行认知教育又开展实践教育，使未成年人在社会实践中向人民学习，了解社会，磨炼意志，培养创新精神和实践能力，努力做到知与行的统一，成为既有崇高理想又能脚踏实地为祖国、为人民服务的人才。"③ 2004 年 8 月，《中共中央、国务院关于进一

---

① 中共中央关于改革学校思想品德和政治理论课程教学的通知［M］//中华人民共和国学校思想政治理论课重要文献选编．北京：人民出版社，2022：614.
② 国家教育委员会关于加强和改进高等学校马克思主义理论教育的若干意见［M］//中华人民共和国学校思想政治理论课重要文献选编．北京：人民出版社，2022：784.
③ 胡锦涛同志在全国加强和改进未成年人思想道德建设工作会议上的讲话［M］//中华人民共和国学校思想政治理论课重要文献选编．北京：人民出版社，2022：1096.

步加强和改进大学生思想政治教育的意见》提出的基本原则中，就明确强调要"坚持政治理论教育与社会实践相结合。既重视课堂教育，又注重引导大学生深入社会、了解社会、服务社会"。"深入开展社会实践"，"高等学校要把社会实践纳入学校教育总体规划和教学大纲，规定学时和学分，提供必要经费。积极探索和建立社会实践与专业学习相结合、与服务社会相结合、与勤工助学相结合、与择业就业相结合、与创新创业相结合的管理体制，增强社会实践活动的效果，培养大学生的劳动观念和职业道德"①。2008年9月，中共中央宣传部、教育部印发《关于进一步加强高等学校思想政治理论课教师队伍建设的意见》，要求完善实践教学制度，从本科思想政治理论课现有学分中划出2个学分、从专科思想政治理论课现有学分中划出1个学分开展本专科思想政治理论课实践教学。要探索实践育人的长效机制，提供制度、条件和环境保障，确保不流于形式。②

三、新时代伟大成就融入高校思政课实践教学

党的十八大以来，在以习近平同志为核心的党中央领导下，在新中国成立特别是改革开放以来长期努力的基础上，党和国家事业取得诸多思想理论成就、实践发展成就、精神文化成就、制度建设

① 中共中央、国务院关于进一步加强和改进大学生思想政治教育的意见［M］//中华人民共和国学校思想政治理论课重要文献选编．北京：人民出版社，2022：1112.
② 中共中央宣传部、教育部关于进一步加强高等学校思想政治理论课教师队伍建设的意见［M］//中华人民共和国学校思想政治理论课重要文献选编．北京：人民出版社，2022：1280.

成就。这些成就是思政课最生动、最鲜活、最有说服力的教材。讲好思政课，必须讲好中国特色社会主义取得的举世瞩目的成就，尤其要讲好新时代党和国家事业取得的历史性成就、发生的历史性变革，讲深讲透"中国之治"背后的制度密码，引导学生更好了解国情民情，增强坚持中国共产党领导的政治自觉。

2015 年 7 月，中共中央宣传部、教育部印发的《普通高校思想政治理论课建设体系创新计划》把强化实践教学作为重要内容，强调要建设与课堂教学相互促进的思想政治理论课第二课堂教学体系，提出积极争取社会各方面支持，整合实践教学资源，拓展实践教学形式，建设一批相对稳定的实践教学基地。注重总结实践教学成果，把优秀调研报告等作为课堂教学的补充材料。[①]

2017 年 7 月，为着力推动高校学生日常思想政治教育和思政课建设深度融合，提升学生思政课参与度、增强学生思政课获得感，引导广大学生形成"四个正确认识"，不断坚定"四个自信"，教育部组织开展了思想政治理论课主题学习实践活动，引导广大学生从我国改革发展的实践中对思政课的理论内容、价值判断等展开深入、客观的思考，力求通过主题社会实践活动使广大学生拓宽视野、了解国情、深化认识、增长才干，并推动理论与实践结合，强化思政课教学效果。[②] 2019 年 8 月，中办、国办《关于深化新时代学校思

---

① 中共中央宣传部、教育部关于印发《普通高校思想政治理论课建设体系创新计划》的通知［M］//中华人民共和国学校思想政治理论课重要文献选编. 北京：人民出版社，2022：1391.
② 教育部办公厅关于高校组织思想政治理论课主题学习实践活动的通知［M］//中华人民共和国学校思想政治理论课重要文献选编. 北京：人民出版社，2022：1462.

想政治理论课改革创新的若干意见》提出，坚持开门办思政课，推动思政课实践教学与学生社会实践活动、志愿服务活动结合，思政小课堂和社会大课堂结合，鼓励党政机关、企事业单位等就近与高校对接，挂牌建立思政课实践教学基地，完善思政课实践教学机制。①

2021年3月，习近平总书记在看望参加全国政协会议的医药卫生界教育界委员时提出，"思政课不仅应该在课堂上讲，也应该在社会生活中来讲""'大思政课'我们要善用之，一定要跟现实结合起来"②。习近平总书记提出"大思政课"，核心要义就是要开门办思政课，把思政课的课堂教学与实践教学结合起来，把思政小课堂和社会大课堂结合起来，用新时代取得的伟大成就教育青年、引导青年、激励青年。

为贯彻落实习近平总书记关于"大思政课"的重要指示精神，2022年7月，教育部联合中央宣传部、中央网信办、科技部、工业和信息化部、生态环境部、国家卫健委、国家文物局、国家乡村振兴局、中国关心下一代工作委员会等十部门共同印发《全面推进"大思政课"建设的工作方案》。针对一些地方和学校对"大思政课"建设的重视程度不够、调动社会资源的意识和能力不够强，教师数量不足、质量不高，课堂教学与现实结合不紧密，课程思政存在"硬融入""表面化"等问题，就全面推进"大思政课"建设尤

---

① 中共中央办公厅、国务院办公厅印发《关于深化新时代学校思想政治理论课改革创新的若干意见》［M］//中华人民共和国学校思想政治理论课重要文献选编．北京：人民出版社，2022：1536．

② "'大思政课'我们要善用之"（微镜头·习近平总书记两会"下团组"·两会现场观察）［N］．人民日报，2021-03-07（1）．

其是推进新时代实践教学做出规划。

为加快构建"大思政课"工作格局，教育部联合多部门首批设立 453 个科学精神、工业文化、美丽中国、乡村振兴、优秀文化等专题"大思政课"实践教学基地，带动设立 2065 家省级基地。与科技部联合设立科学精神专题实践教学基地 92 个，与工业和信息化部联合设立工业文化专题实践教学基地 59 个，与生态环境部联合设立美丽中国专题实践教学基地 15 个，与国家卫生健康委联合设立抗击疫情专题实践教学基地 65 个，与国家文物局联合设立中华优秀传统文化、革命文化、社会主义先进文化专题实践教学基地 100 个，与国家乡村振兴局联合设立脱贫攻坚、乡村振兴专题实践教学基地 41 个，与中国关心下一代工作委员会联合设立党史新中国史教育专题实践教学基地 81 个。其中，北京、湖北、西藏设立基地均超过 200 家，天津、河北、浙江、内蒙古设立基地均超过 100 家。① 各基地积极与大中小学对接，开发特色课程，形成工作合力。

2022 年下半年，教育部组织各高校与"大思政课"实践教学基地开展了首批结对行动，共签署了 400 多份合作协议，覆盖全国 300 多所高校。这些参与高校紧紧围绕提升思政课的针对性和吸引力，聚焦新时代伟大变革，结合各基地特色，开发了"四史"教育、中国特色社会主义文化、中国精神、"场馆里的思政课"、"行走的思政课"等一大批有影响力的重要成果。例如，中国人民大学的教师研修基地与中国国家博物馆、中国人民大学集体备课中心与香山革

① 教育部办公厅等八部门关于公布"大思政课"实践教学基地名单的通知 [EB/OL]. 中华人民共和国教育部，2022-08-18.

命纪念馆的结对共建，结合实践教学基地特色，充分发挥博物馆和革命纪念馆育人优势，开展了集体备课、实践研学、主题教育和志愿宣讲等活动，加强了人才互联互通。北京理工大学马克思主义学院虚拟仿真教学实践中心与中国人民抗日战争纪念馆开展结对共建，利用自身虚拟仿真教学优势，运用相关数字技术对适合的文物进行数字转化，建设思政课虚拟仿真课程资源。华东师范大学与中共一大纪念馆结对共建，充分发挥大中小学思政课一体化共同体牵头高校资源优势，联合组成专家组，研发"伟大建党精神融入思政课"案例，着力打造大中小一体化示范精品课程，联合共建数据资源库，推出云展览和云直播等线上资源。教育部大中小学思政课一体化共同体（四川）与高速铁路科普基地结对共建，结合高铁特色组织大中小学生赴实地开展多种形式研学活动，结合基地主题开发科学家精神小故事、小案例等，同时积极聘请不同岗位人员担任思政课兼职教师，走进校园讲授思政课。

总体来看，新时代大思政课建设取得了积极成效，主要体现在以下三方面。

一是构建实践教学工作体系。高校普遍建立了党委统一领导，马克思主义学院积极协调，教务处、宣传部、学工部、团委等职能部门密切配合的思政课实践教学工作体系，积极整合思政课教师和辅导员队伍，共同参与组织指导思政课实践教学。将思政课教师、辅导员指导学生开展实践活动、指导学生理论社团等纳入教学工作量。参照学生专业实训（实习）标准设立思政课实践教学专项经费。进一步落实思政课实践教学学时学分。高校严格落实本科 2 个学分、专科1个学分用于思政课实践教学的要求。精心设计实践教学大纲，坚决避免实践教学娱乐化、形式化、表面化。有条件的高校开设了专门的实践教学课。

二是组织开展多样化的实践教学。教育部持续组织开展中国国际"互联网+"大学生创新创业大赛、青年红色筑梦之旅、习近平新时代中国特色社会主义思想大学习领航计划、"小我融入大我，青春献给祖国"主题社会实践、"技能成才，强国有我"主题教育等活动。高校紧扣思政课实践教学目标和要求，利用志愿服务、理论宣讲、社会调研等实践活动，开展实践教学。注重总结实践教学成果，把优秀成果作为课堂教学的有效补充，推动实践教学规范化。

三是建好用好实践教学基地。教育部专门组织绘制了"大思政课"实践教学数字地图，为大中小学提供集点位、路线、专题于一身的实践教学信息服务平台和教学资源库，不断提高思政课的针对性和吸引力。各地教育部门结合实际，积极建设"大思政课"实践教学基地。大中小学主动对接各级各类实践教学基地，开发现场教学专题，开展实践教学。不少学校与基地建立了长效合作机制，加强研究和资源开发。

正如习近平总书记所强调的，"我们对共产党执政规律、社会主义建设规律、人类社会发展规律的认识和把握不断深入，开辟了中国特色社会主义理论和实践发展新境界，中国特色社会主义取得举世瞩目的成就,为思政课建设提供了有力支撑"①。面对新时代伟大成就的鲜活案例,思政课教师开展实践教学的信心和底气更足,学生的亲身感受和对理论的认同也会更加深刻。

---

① 习近平.思政课是落实立德树人根本任务的关键课程 [J].求是,2020(17):6.

第四章

机构平台建设不断丰富
助力高校思政课改革创新

高校思政课改革创新既需要顶层设计，也需要优化工作格局、加大精准施策力度。政策落实、工作推动和效果显现，都需要通过项目推进或平台建设来实现。针对思政课建设面临的困难和挑战，教育部围绕思政课教师队伍建设、教学内容和资源供给、教学技术革新与应用等方面，开展了一系列平台建设，强力推动思政课改革创新。

第一节　马克思主义学院组织机构建设

马克思主义学院是学习研究宣传马克思主义的主阵地。加强马克思主义学院建设，是深化马克思主义理论研究和建设的重要举措，也是培养担当民族复兴大任时代新人的内在要求，对于构建以马克思主义为指导的中国特色哲学社会科学，建设具有强大凝聚力和引领力的社会主义意识形态，进一步丰富和发展当代中国马克思主义、

21 世纪马克思主义，对于彰显中国大学社会主义底色，引导青年学生牢固树立共产主义远大理想和中国特色社会主义共同理想，培养一代又一代社会主义建设者和接班人，具有重要意义。马克思主义学院建设是思政课改革创新的重要内容，也是推进整个思政课建设的重要抓手。

一、强化马克思主义学院标准建设

党的十八大以来，随着思政课建设的逐步加强，马克思主义学院建设也取得长足进展。2017 年 9 月，为进一步建强建好高校马克思主义学院，不断提升马克思主义学院建设的科学化、规范化、现代化水平，打造马克思主义理论教学、研究、宣传和人才培养的坚强阵地，使之成为办好高校思想政治理论课的坚强战斗堡垒，教育部研制了《高等学校马克思主义学院建设标准（2017 年本）》，从组织领导与管理、思想政治理论课教学、马克思主义理论学科建设、社会服务与社会影响、党的建设与思想政治工作五方面，设置了 17 个二级指标，56 条具体要求。① 2019 年，教育部印发新的《高等学校马克思主义学院建设标准（2019 年本）》，组织领导与管理、思想政治理论课教学、马克思主义理论学科建设、社会服务与社会影响、党的建设与思想政治工作 5 个一级指标和 17 个二级指标没有变化，具体要求从 56 项变为 57 项。

---

① 教育部关于印发《高等学校马克思主义学院建设标准（2017 年本）》的通知 [M] //中华人民共和国学校思想政治理论课重要文献选编. 北京：人民出版社，2022：1476.

2023 年，教育部又专门印发《普通高等学校马克思主义学院建设标准（2023 年版）》。从组织领导与管理、思政课教学、教师队伍建设、马克思主义理论学科建设、社会服务与社会影响、党的建设与思想政治工作方面设立 6 个一级指标，从领导责任、机构设置、工作机制、基础建设、教学组织、教学改革、实践教学、教学评价、政治素质、配备培养、师德师风建设、职务（职称）评聘、学科设置、科学研究、人才培养、决策咨询、理论宣讲、基层党组织建设、文化建设方面设置 19 个二级指标，并设置 61 个三级指标。

马克思主义学院是培养担当民族复兴大任时代新人、培养中国特色社会主义事业合格建设者和可靠接班人的主阵地。通过标准建设，能够推动马克思主义学院强化学科建设、深化科学研究、优化师资队伍、完善支撑机制、加大建设力度，不断提升整体建设水平和内涵发展质量，更好发挥思政课铸魂育人主渠道作用，落实立德树人根本任务。

二、分批次开展"重点马克思主义学院"建设

2021 年 9 月，中办印发《关于加强新时代马克思主义学院建设的意见》（简称《意见》），明确了马克思主义学院建设的指导思想、建设目标、工作重点和政策支撑、组织领导。《意见》强调："要扎实推动马克思主义学院内涵式发展。加强马克思主义理论学科建设，把准学科定位方向，充分发挥马克思主义理论学科引领作用。大力推进思想政治理论课改革创新，在政治引导、学理阐释和价值塑造上下功夫，提升教学实效。强化课程体系和教材体系建设，将

党的理论创新成果全面贯穿、有机融入各门课程，切实提升教材的政治性、时代性、科学性、可读性。立足新时代中国特色社会主义鲜活实践，找准切入点、聚焦点、结合点，加强马克思主义理论研究宣传。着力打造一支信仰坚定、理论功底扎实、数量充足、结构优化的高素质教师队伍，切实增强使命感、认同感、获得感。提高专业人才培养质量，源源不断培养马克思主义理论后备人才。"《意见》还明确提出要"建强建优全国重点马克思主义学院，提升发展质量，强化示范辐射，加强建设管理，以全国重点马克思主义学院为牵引，推动形成各类马克思主义学院相互促进、共同发展、一体推进的局面"①。

从2015年起，中宣部、教育部分4批共设立了48家全国重点马克思主义学院（包括5家培育单位）。第一批次9所：北京大学、中国人民大学、清华大学、南开大学、吉林大学、复旦大学、山东大学、武汉大学、兰州大学。第二批次12所：北京师范大学、大连理工大学、东北师范大学、华东师范大学、南京大学、浙江大学、中山大学、四川大学、西安交通大学、福建师范大学、郑州大学、新疆师范大学。第三批次16所：同济大学、华中师范大学、湖南大学、西南大学、首都师范大学、天津师范大学、河北师范大学、辽宁大学、哈尔滨师范大学、南京师范大学、安徽师范大学、江西师范大学、山东师范大学、华南师范大学、广西师范大学、贵州师范大学。第四批次6所：中央党校、中国社科院、山西大学、海南师

---

① 中共中央办公厅印发《关于加强新时代马克思主义学院建设的意见》[N]. 人民日报，2021-09-22 (1).

范大学、云南大学、陕西师范大学（培育单位 5 所：内蒙古大学、西藏民族大学、青海大学、宁夏大学、石河子大学）。

建设高水平的马克思主义学院，体现了中国特色社会主义大学的本质特征和根本要求，是加强和改进高校思想政治工作的创新举措，是事关中国特色社会主义事业后继有人的战略工程。在党中央的关心指导下，马克思主义学院经历了独立建制、由大到强的发展阶段，一批集马克思主义理论学习教育、研究宣传、人才培养于一身的高水平马克思主义学院，相继入选"全国重点马院"，成为办好高校马克思主义学院的坚强战斗堡垒。

第二节　思政课教师指导培训研修平台与机制建设

办好思想政治理论课关键在教师，关键在发挥教师的积极性、主动性、创造性。提升思政课教师的数量和质量是思政课建设的关键抓手。思政课教师队伍数量在 2019 年以来得到了快速发展。为提升思政课教师的政治素养、理论水平和教学能力，教育部门和各地高校从加强指导、培训、研修等各方面都进行了设计和部署，取得了良好效果。

一、组建高校思政课教学指导委员会

1997 年 12 月，为加强高校马克思主义理论课和思想品德课（两课）教学的宏观管理，充分发挥专家学者对"两课"教学改革与建

设的咨询和指导作用，国家教育委员会决定成立普通高等学校马克思主义理论课和思想品德课教学指导委员会。委员会的主要职责是研究、咨询、评价和指导，两门课程分别成立委员会，任期四年。主要任务是接受国家教委委托，进行马克思主义理论和思想品德教育重要决策的前期研究，向国家教委提出意见和建议；研究和指导"两课"教学改革和学科建设，组织教学经验的总结交流，推动科学研究；进行教学改革方案、教学基本要求和教学成果的审议和鉴定。研究和参与教学质量与人才培养和科学研究基地评估工作；研究和参与教材建设和审议工作，检查教材质量；协助做好师资培训工作。①

2009 年，为进一步加强对高校思想政治理论课的宏观管理，充分发挥专家学者对高校思想政治理论课的咨询和指导作用，教育部成立了新一届高等学校思想政治理论课教学指导委员会（简称"高校思政课教指委"）。并将其功能拓展为"研究、咨询、评价、指导、服务"，主要任务是接受教育部委托，进行加强和改进高校思想政治理论课重要决策前期研究，就新教材建设、教学方法改革、师资队伍建设和学科建设等向教育部提出咨询意见和建议，组织和开展高校思想政治理论课教学的理论与实践研究，开展教师培养培训、教学成果鉴定和教学督导、检查等工作。②

---

① 国家教育委员会关于成立普通高等学校马克思主义理论课和思想品德课教学指导委员会的通知［M］//中华人民共和国学校思想政治理论课重要文献选编．北京：人民出版社，2022：925.
② 教育部办公厅关于推荐新一届教育部高等学校思想政治理论课教学指导委员会委员人选的通知［M］//中华人民共和国学校思想政治理论课重要文献选编．北京：人民出版社，2022：1297.

2016 年 7 月，新一届高校思政课教指委成立，同年还印发了《高等学校思想政治理论课教学指导委员会章程》，章程对委员会的组织、任务、工作方式等都做了明确规定，强调高校思政课教指委"是在教育部领导下，对思想政治理论课建设发挥咨询、研判、督查、评估、培训、示范、指导、引领等作用的专家组织"①。

2021 年 11 月，新一届高校思政课教指委成立，同时设立了咨询委。主要任务是接受教育部委托，进行加强和改进高校思政课重要决策前期研究，就高校思政课教学方法改革、师资队伍建设和马克思主义理论学科建设等向教育部提出咨询意见建议，组织开展高校思政课教学的理论与实践研究，开展高校思政课教师培养培训、教学成果鉴定和高校思政课教学指导、评价、检查等工作。②

高校思政课教学指导委员会紧紧围绕思政课建设中心任务，充分发挥咨询、研判、督查、评估、培训、示范、指导、引领作用，为高校思政课建设高质量发展做出了积极贡献。

一是全方位开展思政课听课指导督查。广泛深入开展"达标行动"和"提升行动"。2023 年 4 月至 6 月，围绕开好讲好"习近平新时代中国特色社会主义思想概论"课，教育部面向全国高校开展"习近平新时代中国特色社会主义思想概论"课堂教学"达标行动"，76 名教指委委员赴近 400 所高校深入课堂一线听课指导。11

---

① 教育部关于印发《高等学校思想政治理论课教学指导委员会章程》的通知［M］//中华人民共和国学校思想政治理论课重要文献选编．北京：人民出版社，2022：1416.

② 教育部关于成立 2021—2025 年高等学校思想政治理论课教学指导委员会的通知［M］//中华人民共和国学校思想政治理论课重要文献选编．北京：人民出版社，2022：1643.

月至 12 月，教育部针对各门思政课，升级实施全国高校思政课课堂教学"提升行动"，147 名教指委委员以"四不两直"方式赴 697 所高校听课 1337 堂。在一线听课时，教指委委员对所听课程和讲授教师都进行了现场指导，帮助总结课堂讲授的优点与不足，并针对如何准确讲授课堂内容、灵活组织课堂教学等提出意见建议，帮助思政课教师不断提高课堂教学质量。在"达标行动"和"提升行动"过程中，咨询委总教指委汇总、统计、分析了 10 余万条课表数据、1600 余份委员评教意见和 13 万多份学生问卷，形成了调研报告，对全国高校思政课课堂教学情况进行了全面总结，对委员听课过程中发现的普遍性问题及其影响因素进行了深入分析，并有针对性地提出对策建议。

精准高效开展高校思政课建设相关督查。教指委认真完成了中央有关部门、教育部和各省（区、市）组织的多项关于思政课建设的督查工作。"马克思主义基本原理"分教指委委员参与了中宣部、教育部组织的马克思主义学院的评估检查。"高职高专思想政治理论课"分教指委委员负责组织实施了广西高校思政课教学巡查暨听课指导工作。

二是高质量实施思政课教师培养培训。高校思政课教学指导委员会受邀为中央有关部门和教育部思政课教师培训进行授课。3 位教指委委员受邀在中央党校为"'习近平新时代中国特色社会主义思想概论'课集体备课会"授课，就"中国特色社会主义""全面从严治党""坚定文化自信"等专题进行深入讲解，帮助"习近平新时代中国特色社会主义思想概论"课教师提升讲准讲深讲透讲活党的创新理论的能力和水平。全年共有 25 位教指委委员受邀完成 27 次教育部"周末理论大讲堂"授课，累计收看量超过 50 万人次。多位委员在全国各地各校开展理论宣讲，帮助思政课教师及时准确掌握国家最新方针政策，不断提升理论素养和教学水平。

积极组织思政课集体备课会和师生培训。各分教指委积极组织集体备课会、骨干教师培训等活动，充分发挥了教指委指导、示范、引领作用。"习近平新时代中国特色社会主义思想概论"分教指委，就配套课件使用开展多次线下培训。"形势与政策"分教指委依托教学创新中心，积极开展形势与政策课教学要点与教学内容培训。"高职高专思想政治理论课"分教指委开展思政课教师"萌新磨课会"等培训活动 30 余次，并深度参与全国高校大学生讲思政课公开课展示活动、"我心中的思政课"全国高校大学生微电影评选活动的培训指导工作。

三是多维度推进思政课教学资源建设。积极参与思政课教材编写修订。教指委积极参与思政课统编教材的编写、修订，为思政课一线教学提供了重要支撑和保障。部分委员主持或参与了马工程教材《马克思主义基本原理》《习近平新时代中国特色社会主义思想概论》《毛泽东思想和中国特色社会主义理论体系概论》《新时代中国特色社会主义思想理论与实践》等统编教材的编写修订工作。部分委员还主持编写义务教育阶段思政课统编教材，积极推进大中小学思政课一体化建设。

努力推动教材体系向教学体系转化。各分教指委积极参与各门思政课统编课件、开发教学要点研制、教学重难点梳理及解答，组织编写各种教辅材料、案例集、教学改革优秀工作案例等。"习近平新时代中国特色社会主义思想概论"分教指委编写了《"习近平新时代中国特色社会主义思想概论"课程教学重点难点梳理》，为一线思政课教师提供重要参考；部分委员参与了"习近平新时代中国特色社会主义思想概论"课及其他课程示范教学讲义的编写，讲义在全国高校广泛使用，获得高度评价。"高职高专思想政治理论课"分教指委委员参与了"思想道德与法治"课（高职高专）课件的评审打磨工作，课件及配套资源在教育部全国高校思政课集体备课平台正式上线，供全国高职思政课教师参考使用。

参与数字化教学资源开发与应用。多位委员负责或参与了国家精品在线开放课程等慕课、微课录制与推广。"研究生思想政治理论课"分教指委委员制作的"金牌思政课"《弘扬西迁精神到祖国最需要的地方建功立业》视频，在"学习强国"等多个平台发布。"思想道德与法治"分教指委委员在"青梨派"等平台组织开展名师圆桌会议，发布思政课微视频；部分委员作为理论导师参与社科司《高校思政拓展课堂》节目，在中央广播电视总台播出，获得广泛好评。

四是有组织开展重大理论与实践问题研究。开展党的创新理论成果研究宣传阐释。各分教指委积极开展党的创新理论成果研究宣传阐释，为思政课教师教学和研究做出示范引领。很多委员就中国式现代化、习近平文化思想、中华民族共同体意识等重要理论和实践问题，在《求是》《人民日报》《光明日报》《经济日报》《中国社会科学》等重要报刊发表研究成果。

开展思政课重要理论和实践问题研究。各分教指委围绕马克思主义理论学科建设、思政课教学重难点问题、思政课教学方法等组织开展多次研讨交流。"思想道德与法治"分教指委围绕教材主体内容，策划举办6场主题教学研讨会，共计870余人参加，为一线教师教学和研究提供指导。

五是精准化开展思政课建设咨询研判。全面扎实推进调查研究。各分教指委积极开展思政课建设情况调研，找准思政课建设中存在的问题并提出针对性举措。"形势与政策"分教指委对全国范围内"形势与政策"课教学情况进行问卷调查，回收问卷4000余份，形成了高质量报告。"高职高专思想政治理论课"分教指委参与中国职业教育学会全国职业院校思政课建设调研活动，提交西部民族地区调研报告。"民办高校思想政治理论课"分教指委对全国771所民办高校思政课建设情况开展大调研，发现问题短板并提出对策建议。"中外合作办学院校思想政治理论课"分教指委积极开展思政课教学改革创新调研行动，参与"思政课虚拟仿真教学"等调研活动。"'四史'教育思政课"分教指委开展中共党史党建学科调研，以及中共党史党建专业课程和包括"纲要""四史"在内的"大思政"课建设专项调研活动。

充分发挥咨政建言作用。教指委委员充分发挥咨政建言作用，向中央及有关部委、所在省（区、市）提供大量咨政报告，意见建议被广泛采纳。充分发挥咨询研判作用，严格规范做好审读审看工作，根据教育部要求规范做好《平易近人：习近平的语言力量》《中国国家治理现代化》等20余种图书的审读工作，以及党的二十大精神理论大讲堂、思政课慕课等大量视频的审看工作，牢牢把好政治关、史实关、质量关。

二、推进思政课教师实践研修基地建设

习近平总书记对新时代思政课教师提出的"政治要强、情怀要深、思维要新、视野要广、自律要严、人格要正"要求，思政课教师既需要具备深厚的理论功底，也需要具备丰富的实践素养。思政课教师只有自己信仰坚定，对所讲内容高度认同，做学习和实践马克思主义的典范，才能讲得有底气，讲深讲透，才能有效引导学生真懂、真信、真用。思政课教师要善于利用国内外的事实、案例、素材，在比较中回答学生的疑惑，既不封闭保守，也不崇洋媚外，引导学生全面客观认识当代中国、看待外部世界，善于在批判鉴别中明辨是非。

为提升思政课教师的实践素养，帮助思政课教师用中国特色社会主义伟大实践教书育人，中宣部、教育部决定进一步加强高校思想政治理论课教师培养培训工作，不断完善和丰富教师培训的方式和途径。从 2009 年起，有计划、分层次地组织高校思想政治理论课骨干教师进行参观考察活动，每年寒暑假组织高校思想政治理论课骨干教师到改革开放前沿、贫困落后地区、工农业生产基地调查研究，到革命历史纪念地、爱国主义教育基地学习考察，并就相关问题听取专题报告、开展交流研讨、撰写考察报告等。同时鼓励有条

件的地区和高校组织教师赴国外学习考察。①

2013年5月，在前期工作基础上，经有关省（市）教育部门和相关高校申报，教育部在全国建立首批12个"全国高校思想政治理论课教师社会实践研修基地"（简称"实践基地"）。"实践基地"建设以进行中国特色社会主义教育为主题，以组织社会实践和研修活动为主要内容，整合当地革命、建设和改革时期体现民族精神和时代精神的教育资源，形成导向正确、主题鲜明、内容丰富、形式多样、各具特色的社会实践路线，成为学习、研究、宣传、开发、利用这些教育资源，推动文化传承创新，加强社会主义核心价值体系教育的交流平台、科研阵地和人才库。②

2018年5月，在2013年建立首批全国高校思想政治理论课教师社会实践研修基地的基础上，再增设一批基地，共30个，统称为"全国高校思想政治理论课教师研修基地"。分别是北京大学、清华大学、中国人民大学、北京师范大学、南开大学、河北师范大学、东北大学、吉林大学、东北师范大学、大庆师范学院、复旦大学、华东师范大学、上海市学生德育发展中心、苏州大学、嘉兴学院、福建师范大学、福建农林大学、井冈山大学、山东大学、临沂大学、河南师范大学、武汉大学、湘潭大学、华南师范大学、四川大学、

---

① 中共中央宣传部、教育部关于做好高校思想政治理论课骨干教师参观考察活动的通知［M］//中华人民共和国学校思想政治理论课重要文献选编．北京：人民出版社，2022：1303.

② 教育部办公厅关于建立首批全国高校思想政治理论课教师社会实践研修基地的通知［M］//中华人民共和国学校思想政治理论课重要文献选编．北京：人民出版社，2022：1364.

贵州师范大学、延安大学、兰州大学、青海大学、新疆师范大学。①

2020 年 11 月，又新增设了一批"新时代高校思想政治理论课教师研学基地"，并增设若干全国高校思想政治理论课教师实践研修基地。研学基地共设立了 7 家，分别是中国酒泉卫星发射中心、中车唐山机车车辆有限公司、烟台中集来福士海洋工程有限公司、中国科学院国家天文台、上海国际港务（集团）孤帆有限公司、中国（上海）自由贸易试验区临港新片区管理委员会、中国商用飞机有限责任公司上海飞机设计研究院。新增设的 4 个研修基地是广西大学、延边大学、黑龙江大学、山西大学。

为进一步丰富思政课教师实践积累和教学资源开发，2024 年组织研修基地深度开发中央党校 2 轮集体备课会资源，全面梳理集体备课会课程涉及的新时代伟大变革案例，紧密结合习近平总书记对本地区重要指示要求，精准凝练研修主题，涉及高质量发展（12个）、新质生产力（5 个）、教育科技人才一体化（6 个）、文化建设（13 个）、中国共产党精神谱系（11 个）、生态文明（12 个）、乡村振兴（7 个）、铸牢中华民族共同体意识（6 个）、对外开放（3 个）、总体国家安全观（3 个）、党的建设（5 个）等主题。

全国高校思想政治理论课教师实践研修基地的设立，承担中央宣传部、教育部举办的各类高校思政课教师研修培训任务，同时接受省（区、市）教育工作部门和高校委托，组织开展高校思政课教

① 教育部办公厅关于公布全国高校思想政治理论课教师研修基地名单的通知[M] //中华人民共和国学校思想政治理论课重要文献选编. 北京：人民出版社，2022：1495.

师理论、教学、实践等研修活动，开展高校思政课教师队伍建设等方面的专题研究，提供决策咨询，为全国高校思政课教师培训提供了国家级平台。同时，不少省份也效仿推出了省级高校思政课教师实践研修基地，极大拓展了思政课教师实践研修培训资源，为思政课教师实践素养提升做出了重要贡献。

三、举办"周末理论大讲堂"

2019 年 4 月，为贯彻落实学校思想政治理论课教师座谈会精神，建设一支专职为主、专兼结合、数量充足、素质优良的高校思政课教师队伍，教育部面向全国高校思政课教师开设"周末理论大讲堂"，重点进行马克思主义经典著作导读、习近平新时代中国特色社会主义思想研学，利用全国高校思政课教师网络集体备课平台，对每次培训进行现场直播。除去寒暑假外，每周开设一讲，每讲两小时左右。尽管采用封闭式直播，很多培训授课都能有几万名思政课教师集中观看。尤其是在 2019 年至 2022 年期间，"周末理论大讲堂"的线上授课模式更受到广大思政课教师追捧。早期的"周末理论大讲堂"就邀请了顾海良、孙正聿、吴晓明等知名专家开展马克思主义理论相关专题的导学与讲授。后来逐步增加了习近平总书记在《求是》发表的重要文章导读、习近平新时代中国特色社会主义思想重要专题讲授等内容。

到 2022 年 8 月，周末理论大讲堂已经完成 100 讲，100 讲中累计导读习近平总书记发表在《求是》上的重要文章 43 篇以及 4 部系统记述习近平同志地方工作经历的图书，安排习近平新时代中国特色社会主义思想专题导学 29 讲，导读马克思主义经典作家和领袖人物著作 34 部、党的重要文献 11 篇，以及重大热点问题专题辅导 33 讲。学习内容覆盖从马克思主义理论创立到当代中国马克思主义、21 世纪马克思主义各个历史阶段的标志性著作，体现了理论和实践相统一、经典与热点相融合的工作特色。先后有多位省部级领导、中央马工程咨询委委员、中国科学院院士、中央政治局集体学习授课专家和大量相关部门、高校负责同志等应邀为大讲堂授课。特别是 2022 年以来，针对思政课教师数量快速增长、年轻教师经验不足等新情况，"周末理论大讲堂"加大密度、强化供给，并首次开设暑期版"经典导读"系列课程，2022 年前半年学习场次与以往全年活动量持平，直播点击量再创历史新高。100 讲直播点击量累计超过 400 万次，成为全国高校思政课专兼职教师和马克思主义理论专业在校生的重要学习平台。①

2024 年开始，针对高校思政课教师在马克思主义理论功底、"四史"素养、教学法运用、实践素养和学情把握等方面的短板弱项，有针对性地增加马克思主义基本原理、"四史"教育、教学方法等专题，进一步提升思政课教师的理论素养和教学能力。从授课人员构成来看，也不局限于教育系统内部的专家学者，邀请了很多中央和国家部委相关部门的负责同志进行讲授，开阔了思政课教师的眼界。截至 2024 年秋季学期，"周末理论大讲堂"已经讲授 136 讲，近 200 位高端专家参与授课，覆盖全国超过 2800 所高校的思政课教师和马

---

① 全国高校思政课教师"周末理论大讲堂"迎来百讲［N］. 中国教育报，2022-08-10（1）.

克思主义理论学科研究生，共同打造了全国高校思政课教师的"共享型高端学习平台"和"思政课集体备课工作品牌"，推动用新时代党的创新理论铸魂育人，不断提高思政课的针对性和吸引力。

第三节　思政课数字化资源共享平台建设

网络信息技术的快速发展，大数据的应用，已经深入生产、生活的各方面，产生了不可忽视的影响。高校思政课建设同样需要适应和主动对接数字化时代的到来，运用网络技术和数字化资源加快建设步伐。

一、加强高校思政课教研系统建设

教育部门推动全国高校思政课教师网络集体备课平台网络支持系统、教学创新中心资源开发系统、教学指导委员会指导审核评估系统、教师基础数据系统、研修培训系统等网络平台共建共享。加强易班"青梨派"平台的短视频资源供给，组织试点地区、高校以及全国高校思政课名师工作室，制作系列思政微课，通过 B 站推广，已打造理论学习短视频 5000 余个，覆盖 1000 余所高校。

依托全国高校思想政治理论课教师网络集体备课平台，持续开设"周末理论大讲堂"，邀请权威专家第一时间导读、领学马克思主义经典作家著作、习近平新时代中国特色社会主义思想、党的重要文献以及重大热点问题，让权威理论辅导直达一线教师。指导各地各高校加大省级、校级网络思政中心建设力度，重点建设若干个地方思政类头部平台，打造"国家—省—校"立体化网络思政备课平台矩阵。

加强"高校思政课教师信息库"建设。依托山东理工大学建设高校思政课教师信息库，对全国思政课教师信息进行系统管理和动态分析。信息库建立以来，成功研制了各高校马院、思政课、教师队伍量化指标总体观测和个别观测模块，研制了高校思政课教师队伍规模指数、素质指数、管理与治理指数，研制了高校马克思主义学院建设的量化指标自测模块、思政课建设量化指标自测模块以及教师个人发展自测模块，研制了教师发展跟踪分析系统，开发了教师动态数字分析系统等，为思政课教师队伍建设提供了重要数据支撑。

加强国家智慧教育平台思政教育资源建设。教育部把"大思政课"摆在教育信息化的突出位置，通过项目支持的方式，推动教学资源建设常态化机制化，全力开发情理交融的思政"金课"，组织开发和推荐一批科学权威实用的课件、讲义，推动一线教师统一使用。打造覆盖大中小学全学段思政课程1700多门，汇集清华大学、北京大学、中国人民大学等高校优质资源，上线大学书记校长开学、毕业典礼演讲55场。制作并推出《红色筑梦之旅》《红色文物青年说》等118集视频微党课。开设"学习二十大云课堂""北京冬奥精神""抗击疫情"等专题，"树人课堂""暑期教师研修"等专栏，鼓励党政干部、科学家等"触网"讲授思政课，回应学生关切。加强思政课教学资源库建设，实施中小学思政课精品课程建设计划，推出一批思政"金课"。加大优质资源推广使用力度，指导各地各校用好国家智慧教育平台。

二、加强思政课教学资源库建设

建设教学案例库，打造全国共建共享的思政课教学"中央厨房"。组织征集和开发了大量高质量、多形式的教学案例，特别是聚焦习近平新时代中国特色社会主义思想在中华大地的生动实践，开发了一批党的创新理论主题案例。打造教学重难点问题库。由教育主管部门牵头建立思政课教学重难点问题征集机制，动态收集学生关注的问题和思想理论困惑，统一组织研究回答，形成教学问题库。建设教学素材库。建立完善采集、审核、共享机制，充分调动一线思政课教师的积极性创造性，持续推出一大批优秀思政课课件、讲义、重难点解析、重要参考文献、教学配图、微视频、融媒体公开课等优质教学素材。开发在线示范课程库。以国家统编教材为基本遵循，整合全国优秀思政课教师和哲学社会科学专家力量，组织开发高水平在线示范课程。依托北京高校思想政治理论课高精尖创新中心，打造全国思政课教师备课"中央厨房"，汇聚超过300万条文献资源、4万余册电子图书、1.3万余个微视频等教学资源。推出"学习思政课"APP，截至目前已有超过300万人次使用学习。

三、打造网络教育宣传云平台

打造网络思政课宣传云平台，不断扩大对学生政治引领和价值引领的覆盖面和触达率。教育部会同中央网信办等组织开展了"大思政课"网络主题宣传活动，鼓励师生围绕思政课教学内容创作微电影、动漫、音乐、短视频等，建设融资源共享、在线互动、网络宣传等功能为一体的"云上大思政课"平台。2022年活动的全网点击量近18亿次。加强高校思想政治工作网、大学生在线、易班等网络平台建设，利用网络平台积极开展思政课教育教学。支持建设200个思政教育类微信公众号，在"学习强国"开设"学校思政"专栏，实现长期个性化信息推送和多端口全媒体矩阵传播。2018年以来，与中宣部、中央广播电视总台等联合主办《开学第一课》。2022年，会同人民网推出职业院校师生"同上一堂思政大课"，总观看量达1187.9万人次。组织高校积极研发成本适宜的虚拟仿真教学资源，直播、短视频、H5等新媒体技术被广泛运用于思政课堂，引领形成网上"思政大课"新样态。上海、浙江、福建等15个试点省份建成智慧思政地方平台。北京、天津、辽宁等地纷纷研发思政课虚拟仿真实验教学中心，将AI、大数据等技术应用到思政课教学之中。各地各校用好"学习强国"等平台，鼓励思政课教师积极参加中央和地方主流媒体的政论、时政节目，广泛传播党的创新理论。

第五章

育人成效不断显现
促进高校思政课改革创新

育人成效始终是思政课建设的目标和导向，更是思政课改革发展的内生动力。党的十八大以来，党中央始终坚持把学校思政课建设放在教育工作的重要位置，党对思政课建设的领导全面加强，各级各类学校社会主义办学方向更加鲜明，思政课教师乐教善教、潜心育人的信心底气更足，广大青少年学生"四个自信"明显增强、精神面貌奋发昂扬，思政课发展环境和整体生态发生全局性、根本性转变。从育人成效来看，思政课课程体系和教材建设进一步规范，教师队伍综合素质不断提高，课堂秩序和教学效果明显改善，大学生学习兴趣和满意程度得到提升，思想政治理论课建设的良好局面已经形成，为加强和改进大学生思想政治教育，维护高校改革发展稳定大局做出了重要贡献。

第一节　思政课课堂效果持续改善

办好思政课，必须解决好关键性、"卡脖子"的重大问题。思政课发展环境和整体生态之所以发生全局性、根本性转变，其中的重要依据就是事关思政课建设全局的关键问题得以有效解决。思政课课堂效果一直是思政课建设的重中之重，这个问题也由来已久。早在 1979 年 5 月，教育部政治理论教育司的一份《高等学校政治理论课的基本情况和存在问题》中，就对当时高校思政课的课堂效果尤其是吸引力方面做出评价，"教师难教，学生不愿学。不仅理工农医专业的学生重理轻文，忽视政治，对政治理论课不感兴趣，政教和党史专业的学生也不安心学习"。还提到，在华中工学院（现华中科技大学）的一次党史课测验中，173 人中有 14 人不及格，有 6 人将中国共产党成立的时间答成 1927 年，有 3 人答中国革命的道路是"城市包围农村"，并称"这也是二十多年来没有见过的情况"[①]。新时代思政课建设，把提升课堂教学的针对性、实效性和吸引力作为重要目标，取得了重要成效。

一、思政课建设标准日趋明确

1991 年，《国家教育委员会关于加强和改进高等学校马克思主

---

① 高等学校政治理论课的基本情况和存在问题［M］//中华人民共和国学校思想政治理论课重要文献选编. 北京：人民出版社，2022：485.

义理论教育的若干意见》指出，"采取小课堂教学，有利于教师与学生的相互了解，有利于教师及时掌握教学情况和开展课堂讨论、课外辅导等教学活动。要努力创造条件，逐步实行按小班级组织教学"①。为推动高校思政课落实 100 人左右中班教学，加强师生互动、提高教学效果，教育部调研测算提出思政课教师 1：350 师生比标准，并写入中央有关文件。当前，高校思政课教师队伍不断壮大，思政课教师的学历层次、理论素养和教学能力不断提升，为开展思政课中班教学奠定了基础。

2011 年 1 月，为进一步加强宏观指导，规范高校思想政治理论课的组织管理、教学管理、队伍管理和学科建设，教育部研制了《高等学校思想政治理论课建设标准（暂行）》（简称《标准》），并要求所有高校开展自查，对照有关指标逐项核对，对没有落实的项目要制定整改进度表。《标准》由宏观到微观设置了三级指标，又根据指标的重要性设置了核心指标、重点指标和基本指标三类，对高校思想政治理论课的组织管理、教学管理、队伍管理和学科建设四方面进行了标准规定。2015 年 9 月，教育部又对 2011 年的《高等学校思想政治理论课建设标准（暂行）》进行了修订。2021 年 11 月，教育部印发新的《高等学校思想政治理论课建设标准（2021 年本）》，设立组织管理、教学管理、队伍管理、学科建设、特色项目

---

① 国家教育委员会关于加强和改进高等学校马克思主义理论教育的若干意见［M］//中华人民共和国学校思想政治理论课重要文献选编．北京：人民出版社，2022：784.

5 个一级指标，22 个二级指标、41 个三级指标。①

二、思政课建设信心和底气有了明显提升

习近平总书记强调，"办好思政课，有不少问题需要解决，但最重要的是解决好信心问题"②。中国特色社会主义进入新时代以来，习近平总书记着眼党和国家事业发展全局，从坚持和发展中国特色社会主义、建设社会主义现代化强国、实现中华民族伟大复兴的高度，多次对加强和改进新时代思政课建设做出重大决策部署。党中央对教育工作高度重视，对思想政治工作、意识形态工作高度重视，始终强调思想政治工作是党的一切工作的生命线。中共中央、国务院 2004 年印发的《关于进一步加强和改进大学生思想政治教育的意见》、2017 年印发的《关于加强和改进新形势下高校思想政治工作的意见》等，都对思政课的战略地位、指导思想、基本原则、主要任务、有效途径、根本保障等做了与时俱进的规定，有力激发了全党全社会办好思政课的信心。

2019 年 8 月，中共中央办公厅、国务院办公厅印发了《关于深化新时代学校思想政治理论课改革创新的若干意见》，明确了深化新时代学校思政课改革创新的重要意义，强调了思政课建设只能加强、不能削弱的根本要求；明确要求加大思政课教师激励力度，增强教

---

① 教育部关于印发《高等学校思想政治理论课建设标准（2021 年本）》的通知 [M] //中华人民共和国学校思想政治理论课重要文献选编. 北京：人民出版社，2022：1655.

② 习近平. 思政课是落实立德树人根本任务的关键课程 [J]. 求是，2020（17）：8.

师的职业认同感、荣誉感、责任感，把思政课教师的优秀分子纳入各类高层次人才项目，因地制宜设立思政课教师岗位津贴，党和国家设立的荣誉称号要注重表彰优秀思政课教师，大力推选思政课教师中的先进典型；明确要求加强党对思政课建设的领导，严格落实地方党委思政课建设主体责任，党委要把思政课建设作为党的建设和意识形态工作的标志性工程摆上重要议程，推动建立高校党委书记、校长带头抓思政课机制，要求有关部门和各地要保证思政课管理人员配备，确保事有人干、责有人负。

工作中，中央有关部门深入实施马克思主义理论研究和建设工程，加快构建中国特色哲学社会科学学科体系、学术体系、话语体系，为思政课建设提供了根本保证。党和国家办好思政课的信心、教师理直气壮上好思政课的信心、全社会看好思政课的信心都得到了显著增强。这充分证明，坚持思政课建设与党的创新理论武装同步推进，坚持不懈用习近平新时代中国特色社会主义思想铸魂育人是思政课建设发展的自信之基、力量之源，也是面向未来推动思政课改革创新的强大底气和精神动力。

为充分展示新时代高校思政课建设成效，展示优秀高校思政课教师的教学水平，教育部定期举办全国高校思政课教学展示活动。2019 年举办了首届全国高校思想政治理论课教学展示活动，经过网络评审、现场评审等环节，共评选出特等奖 51 项、一等奖 143 项、二等奖 306 项和优秀组织奖 11 个，充分展示了高校思想政治理论课优质课堂建设成果，表彰了一批可信可敬可靠、乐为敢为有为的优秀思想政治理论课教师，激发了广大教师认真讲好思想政治理论课的积极性、主动性、创造性。① 2024 年 1 月，第三届全国高校思想政治理论课教学展示活动在河北、山西、内蒙古、甘肃举办。来自各地高校的数百名思政课教师经过前期"云上大练兵"备赛磨课、网络评审筛选，呈现出 12 场精益求精的教学展示活动，10 万余名思政课同行在线上观摩助威，直播收看量超过 76 万次。教育部"我心中的思政课"全国高校大学生微电影展示活动已经连续举办七届，吸引全国 2880 余所高校参加，以艺术创作调动学生感悟思考新时代、新思想，形成学生主创、主编、主演的 5290 部获奖优秀作品资源库，让学生在全过程沉浸式体验中实现自我教育。武汉大学连续六年开展"观世界·论中国大学生学术论坛"，累计吸引 4.2 万余名本科生参与，学生社团"珞珈研习社"连续三年举办"马克思主义经典文献研习大赛"，受众 6000 余人次。

第二节　党的创新理论"入脑入心"成效显著

习近平总书记强调，思政课的"学术深度广度和学术含金量不亚于任何一门哲学社会科学"②。思政课改革创新必须坚持正确政治方向，遵循内在科学规律，用好守正创新的方法。习近平新时代中

---

① 教育部办公厅关于公布首届全国高校思想政治理论课教学展示活动评选结果的通知［M］//中华人民共和国学校思想政治理论课重要文献选编．北京：人民出版社，2022：1553．

② 习近平．思政课是落实立德树人根本任务的关键课程［J］．求是，2020（17）：15．

国特色社会主义思想是学科建设的最大增量,是自主知识体系建构的最大资源。这意味着,新时代思政课课程体系、教材体系、学科体系的构建,必须始终坚持以习近平新时代中国特色社会主义思想为核心内容。

一、以系统化课程体系阐发思想、剖析理论

"习近平新时代中国特色社会主义思想概论"课程由全国重点马院等试点到全国高校全面开设,主渠道教育教学的核心课程鲜明有力。各高校以高质量建设"习近平新时代中国特色社会主义思想概论"课程为牵引,推动党的理论创新最新成果全面融入各门思政必修课,形成思政课建设与党的创新理论武装同步推进的良好态势。与此同时,各高校整合学校哲学社会科学各学科资源,围绕习近平强军思想、习近平经济思想、习近平生态文明思想、习近平外交思想、习近平法治思想、习近平文化思想,以及"四史"、宪法法律、中华优秀传统文化等设定课程模块,形成了以习近平新时代中国特色社会主义思想为核心内容的思政课程体系建设的有益经验,充分激发了从"思政课程"到"课程思政"的圈层效应。中国人民大学开设的"习近平经济思想"课程入选教育部课程思政示范课程,西安外国语大学开设的"习近平外交思想"课程入选陕西省课程思政示范课程,东北师范大学等高校认真推动教育学专业学习使用《习近平总书记教育重要论述讲义》,武汉大学组织实施"习近平新时代中国特色社会主义思想概论"课程教改创新项目,组织全国44家单位近百位学养深厚的专家和思政课教师,编纂推出《马克思主义大

辞典》，为思政课教学提供权威工具书，这些都是讲好思政课的"真功夫"，倾力打造让学生终身受益的思政好课。

二、与时俱进开展教材、学科建设

教材是课程教学的直接依据，是连接教师与学生的重要介质，是自主知识体系的基本形态。《习近平新时代中国特色社会主义思想概论》统编教材的出版，"习近平新时代中国特色社会主义思想概论"课程教学建议、配套课件、示范讲义等的研制，既体现了国家意志，也回应了学生的理论需求和思想困惑，为课程教学提供了基本依据。《习近平新时代中国特色社会主义思想学生读本》（大中小学）、《高校思想政治理论课教学活页》等教学参考资料以及《大学生思想热点面对面》等通俗读物，构建起立体多元的思政课教辅体系，为培根铸魂、启智增慧提供了丰富资源供给。

思政课的政治性是通过学理性得以诠释和建构的。讲好思政课需要有强大的理论支撑，要经得起学生各种"为什么"的追问。一些高校通过有组织的科研，系统开展习近平新时代中国特色社会主义思想的学理化研究、学术化表达，出版系列学术专著，并推动研究体系向教学体系转化，布局马克思主义课程群和教材群建设，有效提升了思政课的学术品质。学科是思政课建设的根基。构建中国特色哲学社会科学学科体系，习近平新时代中国特色社会主义思想就是最大增量。全国马克思主义学院、马克思主义理论学科的跨越式发展，为思政课的教育教学构筑起坚实的学科支撑。一些高校推动构建"马克思主义理论学科与哲学社会科学"一体发展的格局，在哲学社会科学各个门类中把新时代党的创新理论转化为相应的学科体系、课程体系、教材体系，以建构自主知识体系为工作载体，厚植思政课育人的学科沃土。

三、用青年学生喜闻乐见的方式开展理论武装

思政课的课程内容需要搭配符合新时代学生"口味"的讲法。"云上大思政课""全国大学生同上一堂思政大课"等线上课程与线下课程相结合开展，吸引了广泛的社会关注，引导流量超百亿次，受到学生的热烈欢迎。首批453家"大思政课"实践教学基地面向全社会公布，实践教学基地通过与高校结对共建，充分发挥平台效能。实践教学数字地图上线使用，为获取内容丰富且兼具特色的"大思政课"数字教育资源提供了优质窗口。"青年红色筑梦之旅"、习近平新时代中国特色社会主义思想大学生学习领航计划等活动持续深入开展，"大思政课"的育人形态不断丰富，更多学生走进中国式现代化的广阔天地、走近基层人民群众，体悟党的创新理论的理论魅力和实践伟力。《一堂思政课》《我要当老师》等一批展现思政课教师形象的故事片上线，全社会尊崇思政课教师、肯定思政课建设的文化氛围孕育而生。① 越来越多思政课教师用虚拟现实观影、用弹幕互动，和学生一起刷微博、拍视频日志，丰富课堂内容，贴近学生喜好，着力打造让更多学生爱听、能懂、真信、笃行的新时代高质量思政课。

---

① 李冉. 思政课发展环境和整体生态发生全局性、根本性转变 [J]. 思想理论教育导刊, 2024 (5): 99.

第三节　高校思政课课堂教学效果调研报告

以习近平同志为核心的党中央高度重视思政课建设。2016 年 12 月，习近平总书记在全国高校思想政治工作会议上指出，"要用好课堂教学这个主渠道，思想政治理论课要坚持在改进中加强，提升思想政治教育亲和力和针对性"，强调要及时更新教学内容、丰富教学手段，不断改善课堂教学状况，防止形式化、表面化等。2019 年 3 月 18 日，习近平总书记主持召开学校思想政治理论课教师座谈会，强调思想政治理论课是落实立德树人根本任务的关键课程，指出要创新课堂教学，"推动思想政治理论课改革创新，要不断增强思政课的思想性、理论性和亲和力、针对性"。2022 年 4 月，习近平总书记考察中国人民大学，专门观摩了思政课智慧教室现场教学。教育部党组贯彻落实习近平总书记重要讲话和重要指示批示精神，围绕思政课建设出台了一系列文件，做出了顶层设计和系统部署。2018 年，教育部印发《新时代高校思想政治理论课教学工作基本要求》；2019 年，落实中共中央办公厅、国务院办公厅印发的《关于深化新时代学校思想政治理论课改革创新的若干意见》精神，教育部实施"新时代高校思想政治理论课创优行动"，并发布相关工作方案；2020 年，中宣部、教育部印发《新时代学校思想政治理论课改革创新实施方案》；2022 年，教育部等十部门发布《全面推进"大思政课"建设的工作方案》。这一系列政策文件的出台，对推动高校思政课改革创新、提升思政课建设质量发挥了重要的指导作用。

经过长期建设，高校思政课教材建设、队伍建设快速发展，教学质量和水平大幅提升，思政课建设取得历史性成就。但同时必须看到，思政课教学效果不理想的问题在一些学校仍然存在，还存在学生的"抬头率"和"点头率"不高的现象，高校思政课建设的课堂教学效果仍需进一步提升。

提升思政课教学效果是思政课改革创新的主要努力方向，也是一项重点难点问题。为通过调研方式真实了解思政课课堂效果，笔者以"提高高校思政课建设质量"为主题，对20所高校一线思政课教师进行调研访谈，了解各校典型经验做法，探讨推动高校思政课高质量发展的有效路径。调研从教学内容、教学方法、教学管理、教师培养等方面梳理总结各校思政课课堂教学改革创新的成效，在提升思政课教师素质、创新思政课教学方式、优化思政课话语体系、强化思政课质量评价等方面提出对策和建议。

一、高校思政课课堂教学效果提升的主要成效

近年来，特别是习近平总书记"3·18"讲话以来，各地各高校都在围绕教师讲好思政课、学生学好思政课不断推进教学改革创新、丰富教学内容、创新教学方法。总体上看，高校思政课的教学质量和水平有了大幅度的提升，思政课的思想性、理论性和亲和力、针对性不断增强，思政课教学效果明显提升。

一是在教学内容上，思政课课程群建设更加强化，课堂教学内容不断拓展，为提升思政课教学效果提供了内容支撑。在按要求开足开好必修课的基础上，各校围绕加强以习近平新时代中国特色社会主义思想为核心内容的课程群建设，积极开设丰富的选择性必修

课，不断优化课程体系。例如，天津大学围绕"四史"教育开设了"中国共产党历史""世界社会主义 500 年""中国共产党精神谱系概论""两岸关系四十年历程（1979—2019）"等 10 余门思政类校任选课。一些高校结合本地资源、本校学科专业特点等，开发建设了很多特色的思政课程。例如，浙江财经大学作为财经类院校，针对学生的专业特点，增强相应课程供给，设立了包括"《资本论》导读""改革开放史"等在内的个性化校本课程。马克思主义学院在教学上开展思政教师与专业学生的结对工程，有政治经济学背景的教师与经济学院的学生形成长期教学关系，通过这种方式增强思政课讲道理的效果。一些高校思政课充分挖掘本地红色文化、校史资源，将伟大精神、生动鲜活的实践成就，以及英雄模范的先进事迹等引入课堂。例如，深圳职业技术大学立足改革开放前沿阵地，重点开发深圳案例并融入教学，组织全院思政课教师编写了《思想政治理论课教学深圳案例 100 篇》（上、下册）；拍摄了《深圳奇迹》130 个视频用于教学、研究；该校即将成立"深圳奇迹"研究中心，重点研究深圳奇迹背后的改革开放精神和中国特色社会主义制度的优越性，并将研究成果及时融入思政课教学。再如，东北大学组建了"特聘教授"团队，重点围绕新时代伟大实践，将劳模精神、鞍钢精神、脱贫攻坚精神、伟大抗疫精神等引入各门思政课课堂。

二是在教学方法上，思政课教学改革创新不断加强，积极探索使用多样化课堂教学方法，为提升思政课教学效果注入活力。调研中，大家普遍表示，在课堂教学中能够积极探索使用案例式教学、探究式教学、体验式教学、互动式教学、专题式教学、分众式教学等多元教学方法，能够充分利用小组研学、情景展示、课题研讨、课堂辩论等方式组织课堂实践，部分有条件的高校在思政课教学中已运用虚拟现实技术。如天津大学开设的"中国共产党精神谱系概论"本科生选修课，拥有一套"思政 VR"教学产品，包含 VR 眼镜、云资源、全景相机等，构建了"红色场馆我来学""红色场馆我来讲""红色场馆我来建"三位一体的 VR 实践教学体系，通过将虚拟仿真实验教学与实践教学、体验教学有机融合，启发学生体悟和弘扬中国共产党精神谱系。调研中，有思政课教师谈到，自己在教学中结合平时作业推动的探究式、案例式教学，在调动学习参与积极性方面取得了很好的效果。例如，让学生在教师每学期提供的主题案例清单中选取一个，完成动手做课件形式的平时作业，要求图文并茂，最好附有短视频或讲解语音，并用于课堂展示，这一举措有助于提高平时作业的整体质量，提升课堂教学的实效。

三是在教学管理上，课堂教学规模不断优化、教学硬件保障更加健全、教学评价体系更加系统，为提升思政课教学效果提供了重要条件。调研中，大家普遍表示，目前思政课大班教学情况已逐渐减少，多数学校已落实了中班甚至小班教学，班级规模的缩小对教学效果的提升影响显著。调研发现部分有条件的高校，在思政课教学中已分为理论教学和小班研讨，并为思政课配备助教，协助开展教学组织、课后答疑等工作。大家一致认为，近年来对思政课的重视不断加强，学校思政课教学的硬件保障也不断改善，绝大多数学校都已建设智慧教室，部分有条件的高校正在建设专门的思政智慧教室。调研中，有部分教师使用过智慧教室开展思政课教学，认为智慧教室在硬件上课堂互动设备更健全，有利于改善传统课堂教学的单向知识灌输，提升师生双向互动效果；同时，打破传统的大课堂教学模式，采用分组的座位结构，小班授课，分组讨论更容易产生思维碰撞，激发学生的学习兴趣。调研中，大家普遍表示，学校已建立了校领导、教学督导、马克思主义学院班子成员、思政课教师和学生参加的多维度综合教学评价工作体系，将思政课教学评价结果作为思政课教师绩效考核、职称晋升、评奖评优等的基本依据，其中多数学校都非常重视教学过程评价，把评价作为提升思政课教学效果的重要手段。

四是在教师队伍上，配足教师队伍、强化教师培训，为提升思政课教学效果提供了坚实保障。近年来，教育部大力推动各地各校配齐建强教师队伍，截至 2024 年，全国高校思政课教师增至 14.5 万人，专职教师超过 11 万人，综合师生比总体达到国家规定标准，整体结构明显优化。[1] 目前，已构建起全方位体系化的教师培养培训体系，建立了 41 个全国高校思政课教师研修基地、32 个"手拉手"集体备课中心，组织开展常态化的研修培训。[2]

调研中，大家普遍表示，近年来各高校加大思政课教师引进力度、优化转岗专职思政课教师制度，目前各校思政课教师短缺的情况已大大缓解，教师队伍的壮大使得很多高校已有条件落实中班甚至小班教学。个别教师表示，为解决专职思政课教师短缺情况，学校配有部分兼职教师，兼职思政课教师来源于学校领导干部及辅导员，他们一般很擅长结合自身本职工作经验开展课堂教学，专兼职教师各有优势、相互补充，共同构成了思政课教师队伍的重要力量。

---

① 不负重托办好学校思想政治理论课 [N]. 人民日报，2024-03-18 (1).
② 教育部新闻发布会介绍三年来贯彻落实学校思想政治理论课教师座谈会精神工作进展成效 [EB/OL]. 中华人民共和国教育部，2022-03-17.

对于教师培训，大家普遍表示，使用全国高校思政课教师网络集体备课平台、收看"周末理论大讲堂"、全国高校思政课教学展示活动、参加各级思政课骨干教师研修班等收获很大，一方面有助于进一步聚焦思政课教学重点难点问题，反思自己在思政课教学中存在的问题，能够对标思政课教学标准和要求不断纠正，另一方面对重大理论问题有了更加深入的理解，有助于更好地融入思政课教学。调研中，部分教师表示，参加过全国高校思政课教师研修基地、研学基地的培训，通过系统的研修学习，对体现民族精神和时代精神的实践教学资源有了更加系统、深入的认识和把握，能够更有针对性地将鲜活的资源引入思政课堂，有利于提升教学的信效度。

调研发现，各高校都在常态化组织开展思政课的集体备课、教学比赛、示范课等教研活动。各类教研活动的开展使思政课教师对课程安排的总体情况、专题内容、课程资源等有了更加清晰全面的把握，对于提升思政课教师精准把握教学专题、创新教学方法具有重要作用，教师相互间的研讨交流促进互学互鉴、互促互进、共同提高。

二、高校思政课课堂教学存在的主要问题及原因分析

调研中，大家普遍认为，在当前思政课建设中，思政课教学效果不理想问题仍然突出，有的课堂还存在教学质量不高，对学生吸引力、感染力不强等问题，思政课预期目标和教育效果之间仍存在一定差距。针对思政课课堂教学效果不理想的问题，需要从以下几方面来考虑。

首先，从客观方面来看，思政课教学的特殊性决定了教学内容不仅仅要体现知识性、理论性、科学性，更要在意识形态领域中实

现思想引导。调研中，大家普遍认为，讲好思政课对于教师的知识储备、理论素养、理论联系实际的能力，以及教学方法的运用能力，都有很高的要求。此外，在教学内容上，思政课教材修订的频率较高，国内外的形势发展变化很快，思政课教学内容的快速更新对教师备课提出了较高的要求，教师需要常学常新才能取得较好的教学效果。因此，鉴于思政课教学内容多、跨度大、要求高，在有限时间内，思政课教师要在统筹整个内容体系的基础上做到讲深讲透讲活，这对教师的教学能力和水平提出较高的要求。

其次，从主观方面来看，在一些地方、一些课堂上思政课教学效果不理想，还在于教师能力与教学要求存在差距，思政课教师的综合素质有待提高。调研中，大家普遍认为，从教师层面看，部分思政课教师知识储备不足、理论功力不够，不能很好地把道理讲清楚，从而难以说服学生；部分教师授课内容不及时更新，无法与时代要求同频；部分教师教学方法单一、缺乏表达技巧、联系实际能力不强，教学的生动性和感染力不足，因此无法吸引学生抬头、点头；部分教师对学情的研究不够，学情掌握不充分，教学没有针对性，无法做到因材施教等，这些都是突出的问题。调研中，个别教师指出，教师的课程设计、语言风格是否有吸引力，也是影响课堂效果的重要因素。还有教师指出，目前对教师的考核评价体系仍不完善，一些学校在考核评价原则上还存在"重科研、轻教学"情况，不能有效发挥考核评价的导向作用。

另外，在调研中，部分受访教师指出，从学生层面看，同样存在各种问题：部分学生对思政课重要性认识不够，重视不足，认为思政课无用；学生获取知识途径多元化，对课堂依赖性降低；思政课政治性和理论性较强，学生学习兴趣偏低；等等。个别教师指出，在教学环境方面，存在社会多元思潮交汇冲击，在一定程度上造成学生思想迷茫；思政课教学载体较单一，无法充分引导学生从被动地接收知识转变为主动地学习知识等。

三、提升高校思政课课堂教学效果的对策建议

立足新阶段，以习近平同志为核心的党中央对思政课提出了新任务新要求，对思政课课堂教学提出了更高的标准，要紧密围绕习近平总书记关于思政课建设的重要论述，持续提升思政课教学质量，用好课堂教学主渠道，在提升课堂教学效果上下功夫。围绕提升教学效果，需要从提升思政课教师素质、创新思政课教学方法、优化思政课话语体系、强化思政课质量评价等方面着手，统筹推进各项工作，切实提升思政课入脑入心的效果。

一是提升思政课教师素质。提升思政课课堂教学效果，要在教师素质提升上下功夫，持续加强思政课教师队伍建设。要有针对性地加强教师培训，完善国家、地方、学校三级培训体系，做好分层分级培训，提升队伍综合能力。教育部统筹教师培养培训资源建设，引导教师用好国家智慧教育公共服务平台、全国高校思政课教师网络集体备课平台等线上资源；完善"手拉手"集体备课机制、定期组织开展教学展示活动；依托全国高校思政课教师研修基地、研学基地，组织思政课教师开展分课程、分专题研修活动；建好用好"大思政课"实践教学基地，各地各高校建立专门制度，常态化支持思政课教师开展一线调研，提升实践育人能力；严格落实生均经费用于思政课教师的学术交流、实践研修等，并逐步加大支持力度；

为各门思政课组织制作高水平的配套课件、教学视频资源等，建设完善教学案例库、素材库和问题库，按课程按专题精心打造系统化的优质示范课，为一线教师的教学提供有力支撑；注重加强大中小学思政课教师的交流研讨，建立长效的工作机制。

二是创新思政课教学方法。提升思政课课堂教学效果，要深化思政课教学改革，坚持不懈在教学方法创新上下功夫。第一，要加强学情研究，引导思政课教师开展对学生认知规律和接受特点的研究，并围绕不同的教育类型、不同专业学生的需求，有针对性地制订教学方案、优化教学设计。第二，及时了解和研究回答学生关注的理论热点和社会难点问题，提高思政课的针对性和有效性。要以技术赋能提升思政课的"点头率"和"抬头率"，运用大数据追踪青年学生的思想动态，摸清学生对社会问题的关切点、困惑点，充分把握学情。第三，充分发挥研究项目的引导和支持作用，组织教师加强思政课教学方法和重点难点研究，鼓励教师积极采用案例、专题等多样化教学方式，发挥好学生的主体作用，通过小组研学、情景展示等方式，激发课堂的教学活力，提高学生学习的主动性和获得感。调研中，大家普遍认为，要增强多元教学方法的运用，如专题式教学法、研究式教学法、情景式教学法、体验式教学法、互动式教学法等，很好地发挥学生的主体作用。有教师指出，可以适当增加针对思政课各门课程具体教学方法训练的示范培训。还有教师指出，建议整合优化教学方法的示范和培训，除教育部组织的高水平示范与培训外，各地各学校可以依据具体情况进行"精准滴灌"，加强教学方法培训的针对性和适用性。

三是优化思政课话语体系。提升思政课课堂教学效果，推动思政课改革创新，要着重加强思政课话语体系的优化。调研中，大家一致认为，推动思政课话语体系创新，是提高思政课亲和力、针对性的重要抓手。必须在讲政治、以科学理论为指导的基础上，让教学语言贴近现实、贴近生活、贴近大学生，这是高校思政课取得实效的根本保证。一要对接学生需求。坚持以学生需求为中心的理念，关注学生的成长需求、心理诉求、认知结构和行为习惯，要精准把握学情，深入回应学生思想困惑，运用学生乐于接受的教学话语，提升思政课的亲和力和感染力。二要丰富话语形态。将思政课理论话语与生活话语相结合，紧抓生活实例，将政治上的"大道理"与微观的社会生活相结合；将思政话语与专业话语相结合，依据不同专业背景学生的思维模式、话语逻辑，探究思政课话语与专业课话语的结合点，实现二者的融合共生。三要创新话语载体。调研中，有部分教师介绍了自己在创新话语体系方面的实践经验，即将影视共情、历史融入、精准画像等方式运用到"导课"环节；在课堂讲授环节"照着讲"以突出政治性，"接着讲"以突出学术性，"对着讲"以突出针对性，"活着讲"以突出吸引性，"引着讲"以突出主体性，"顶着讲"以突出战斗性，"精着讲"以突出深刻性，"特着讲"以突出差异性；在课堂小结环节可采用归纳式总结、延伸式总结、悬念式总结、对比式总结、讨论式总结、探讨式总结、提问式总结、升华式总结等丰富形式。由此拉近学生与教师之间的情感距离，激活"言有尽而意无穷"的意蕴传达，实现"此时无声胜有声"的教学效果。此外，还要通过话语体系创新强化对学生的思想引导。近年来，很多学校都设计了思政课导论的教学内容，邀请教学名师、学科带头人，为全校新生讲好思政课的"开学第一课"，帮助学生去认识理解学好思政课对人生成长发展的重要价值，增强对思政课的认同感。

四是强化思政课质量评价。调研中，大家普遍认为，学校、学院、学生评教对课堂教学质量的提升具有鲜明的导向作用，多元主体参与使得评价更加真实全面，并且能够通过综合各方意见，形成较为稳定且相对可靠的结果，从眼前和直接效果看能有效评价思政课的教学效果，从长远和发展的角度来说有利于提升课程建设质量。调研中，也有个别教师指出，学校对教学结果评价不够重视，对教学过程的评价不够制度化和稳定化。还有教师指出，还需要进一步健全部、省、校三级听课制度，建立规范化监督反馈机制和听课督导机制，对思政课教师教学成效有及时的反馈，促进教师不断提高教学质量。提升思政课教学效果，思政课质量评价要在改进中不断加强，按照《深化新时代教育评价改革总体方案》中"改进结果评价，强化过程评价，探索增值评价，健全综合评价"的要求，打造与之配套的评价"组合拳"。加强对思政课质量评价的理论研究与实地调研，总结各地各校好的经验做法，从而探索构建更科学有效的综合性评价体系。

第六章

高校思政课改革创新的规律性认识

思政课建设已经走过了漫长历程。在不同历史时期，思政课的内容、形式、载体都根据形势和环境变化而不断改革创新，但在创新中又有坚守，这些坚守体现了党对思政课建设规律的深刻认识和把握。正是由于坚守这些规律，思政课才能在改革创新中始终坚持正确方向，始终成为建设者和接班人培养的重要保障。

第一节　牢牢把握立德树人根本任务

思政课是落实立德树人根本任务的关键课程，这是对思政课定位的最准确概括，也是对思政课使命的最深刻描述。思政课之所以有此定位，在于它回答的是教育的根本问题，即培养什么人、怎样培养人、为谁培养人。

一、不同历史时期的共同培养目标

早在新民主主义革命时期，我们党在红军大学、苏维埃大学、抗日军政大学、陕北公学等高校就开设"党的建设""中国革命运动史""马列主义""辩证唯物主义""科学社会主义"等课程，在列宁小学开设"社会工作"课程，在解放区的小学、陕甘宁边区的中学开设"政治常识"课程。新中国成立后，我们党又把"中国革命常识""共同纲领"列入中学教学计划，在高校开设"中国革命史""马列主义基础""政治经济学""辩证唯物论与历史唯物论"等课程，强调中高等学校政治理论课的任务是用马克思列宁主义、毛泽东思想武装青年，培养坚强的革命接班人。

1949 年 9 月通过的《中国人民政治协商会议共同纲领》规定："中华人民共和国的文化教育为新民主主义的，即民族的、科学的、大众的文化教育。人民政府的文化教育工作，应以提高人民文化水平、培养国家建设人才、肃清封建的、买办的、法西斯主义的思想、发展为人民服务的思想为主要任务。"根据这一精神，1950 年 6 月，教育部召开第一次全国高等教育会议，明确中华人民共和国高等学校的宗旨是"以理论与实际一致的教育方法，培养具有高级文化水平、掌握现代科学和技术的成就、全心全意为人民服务的高级建设人才"①。根据这一精神，中央人民政府接管了旧的高等学校以后，立即开设了马克思列宁主义的革命政治课程。通过政治课及时事政

---

① 高等学校暂行规程［M］//中华人民共和国学校思想政治理论课重要文献选编. 北京：人民出版社，2022：63.

策教育和参加各种社会改革运动的实际斗争的锻炼，提高学生的思想觉悟，促使学生树立为人民服务的观点和为祖国建设需要而学习的态度。① 随着党在过渡时期总路线的提出，教育工作尤其是思想政治教育工作的主要任务成为培养积极参加社会主义建设和保卫祖国的全面发展的新人。② 1957 年，毛泽东同志就曾指出，"我们的教育方针，应该使受教育者在德育、智育、体育几方面都得到发展，成为有社会主义觉悟的有文化的劳动者"③。

　　"文化大革命"结束后，思想政治理论课开始快速恢复和发展。1978 年，邓小平同志在全国教育工作会议上，沿用了毛泽东同志关于人才培养目标的提法，即"应该使受教育者在德育、智育、体育几方面都得到发展，成为有社会主义觉悟的有文化的劳动者"④。1980 年 4 月，教育部、共青团中央《关于加强高等学校学生思想政治工作的意见》就明确"我国高等学校的培养目标必须坚持又红又专的方向，使受教育者在德智体几方面都得到发展，成为有社会主义觉悟的专门人才"，"社会主义大学与资本主义大学的本质区别，就在于它培养出来的学生具有社会主义觉悟，拥护共产党的领导，热爱社会主义祖国，努力为人民服务，刻苦钻研业务，立志为建设

---

① 五年来新中国的高等教育［M］//中华人民共和国学校思想政治理论课重要文献选编. 北京：人民出版社，2022：228.
② 关于加强政治思想教育问题［M］//中华人民共和国学校思想政治理论课重要文献选编. 北京：人民出版社，2022：201.
③ 中共中央文献研究室. 毛泽东文集：第 7 卷［M］. 北京：人民出版社，1999：226.
④ 邓小平文选：第二卷［M］. 北京：人民出版社，1994：103.

社会主义现代化强国而奋斗"①。1980 年 7 月，教育部印发《改进和加强高等学校马列主义课的试行办法》强调，高等学校马列主义课的任务，是对学生进行马列主义、毛泽东思想的基本理论教育，帮助学生完整地、准确地理解马列主义、毛泽东思想的科学体系，提高社会主义觉悟，逐步树立无产阶级的世界观，掌握科学的方法论，初步具有运用马列主义的立场、观点和方法分析实际问题的能力，自觉地为社会主义现代化建设服务，为人民服务。② 1984 年 9 月，中央宣传部、教育部《关于加强和改进高等院校马列主义理论教育的若干规定》再次指出，"现在的大学生和研究生，是将来建设高度的社会主义物质文明和精神文明的骨干力量，是党和国家干部的重要来源。他们的世界观、理论水平、道德修养以及科学文化素质，能否适应新时期总任务的要求，能否正确地认识和处理这些新情况和新问题，关系到社会主义现代化建设的成败，党和国家的盛衰""马列主义理论课的主要任务是帮助学生通过系统地学习马列主义、毛泽东思想，确立坚定正确的政治方向，树立无产阶级世界观""从红专两个方面全面培养学生，是学校各门课程和各项工作的共同任务，学校党委和校长要统一领导，全面安排，组织各方面的力量，齐抓共管，把学生培养成为有理想、有道德、有文化、守纪律的专

---

① 教育部、共青团中央关于加强高等学校学生思想政治工作的意见［M］//中华人民共和国学校思想政治理论课重要文献选编．北京：人民出版社，2022：497.

② 教育部关于印发《改进和加强高等学校马列主义课的试行办法》的通知［M］//中华人民共和国学校思想政治理论课重要文献选编．北京：人民出版社，2022：505.

门人才"①。

20 世纪 90 年代前后，国内外形势发生严峻变化。改革开放进入快车道，但随之而来的是，国内外敌对势力为了实现对我国的"和平演变"战略，也加紧了在意识形态领域的进攻，而高等学校是敌对势力进行思想文化渗透的主要场所。面对严峻形势，国家教育主管部门对加强和改进高等学校马克思主义理论教育提出新的要求，"对青年学生进行马克思主义理论教育，是由社会主义高等教育的性质和办学宗旨所决定的，是社会主义教育区别于资本主义教育的根本标志之一"。并正式提出，"社会主义教育的根本任务，是用马克思主义育人，培养有社会主义觉悟的有文化的建设者和接班人，而对青年学生进行马克思主义理论教育，则是全面贯彻党的教育方针、坚持社会主义办学方向、完成高校教育任务的一项根本措施和基本途径"②。

20 世纪 90 年代中期，随着国际竞争日趋激烈，科学技术迅速发展，尤其是面对改革走向深化、开放逐步扩大、社会主义市场经济蓬勃发展、分配方式逐步变革的社会环境，怎样帮助青年学生认清人类历史的走向和社会主义发展的前景，使他们确立坚定正确的政治方向，提高贯彻执行党的基本路线的自觉性，树立马克思主义的

---

① 中共中央宣传部、教育部关于印发《关于加强和改进高等院校马列主义理论教育的若干问题》的通知［M］//中华人民共和国学校思想政治理论课重要文献选编．北京：人民出版社，2022：578.

② 国家教育委员会关于加强和改进高等学校马克思主义理论教育的若干意见［M］//中华人民共和国学校思想政治理论课重要文献选编．北京：人民出版社，2022：780.

世界观、人生观、价值观，培养良好的道德品质，成为社会主义事业的建设者和接班人，成为当时高校思想政治理论课面临的新情况新问题。当时的高校马克思主义理论课和思想品德课（"两课"）的根本目标就是，"引导和帮助学生树立马克思主义的世界观、人生观、价值观，确立为建设有中国特色社会主义而奋斗的政治方向，增强抵制错误思潮和拜金主义、享乐主义、极端个人主义等腐朽思想侵蚀的能力"①。1995 年 11 月，国家教育委员会颁布的《中国普通高等学校德育大纲》明确提出，"高等学校的根本任务是培养德智体等方面全面发展的社会主义事业的建设者和接班人""高等学校德育的任务，是用马克思列宁主义、毛泽东思想和邓小平建设有中国特色社会主义理论教育学生坚持社会主义方向，树立科学的世界观和正确的人生观，形成良好的道德品质，把学生培养成为有理想、有道德、有文化、有纪律的一代新人"。

进入 21 世纪，世界多极化和经济全球化的趋势在曲折中发展，科技革命日新月异，综合国力竞争日趋激烈。各种思想文化相互激荡，西方敌对势力加紧对我国实施西化、分化的政治图谋。我国改革开放进一步深入，社会经济成分、组织形式、就业方式、利益关系和分配方式日益多样化。党的十六大报告提出，"坚持教育为社会主义现代化建设服务，为人民服务，与生产劳动和社会实践相结合，

---

① 国家教育委员会关于高校马克思主义理论课和思想品德教学改革的若干意见[M]//中华人民共和国学校思想政治理论课重要文献选编. 北京：人民出版社，2022：857.

培养德智体美全面发展的社会主义建设者和接班人"①。党的十七大报告提出，"坚持育人为本、德育为先，实施素质教育，提高教育现代化水平，培养德智体美全面发展的社会主义建设者和接班人"②，首次提出了"育人为本、德育为先"的要求。新的形势对高等学校思想政治理论课教学提出了新的任务和要求。高校思想政治理论课的任务和目标转化为，引导大学生正确认识当今世界错综复杂的形势，把握国际局势的发展变化和人类社会的发展趋势；引导大学生正确认识国情和社会主义建设的客观规律，增强在中国共产党领导下全面建设小康社会、加快推进社会主义现代化的自觉性和坚定性；引导大学生正确认识肩负的历史使命，努力成为德智体美全面发展的中国特色社会主义事业的建设者和接班人。③

纵观以上各个历史时期的育人目标可以发现，从"培养坚强的革命接班人"，到"培养具有高级文化水平、掌握现代科学和技术的成就、全心全意为人民服务的高级建设人才"，到"培养积极参加社会主义建设和保卫祖国的全面发展的新人"，到"培养有理想、有道德、有文化、守纪律的专门人才"，再到"培养有社会主义觉悟的有文化的建设者和接班人"，又到"德智体美全面发展的中国特色社会

---

① 江泽民. 全面建设小康社会 开创中国特色社会主义事业新局面：在中国共产党第十六次全国代表大会上的报告 [N]. 人民日报，2002-11-18（1）.
② 胡锦涛. 高举中国特色社会主义伟大旗帜 为夺取全面建设小康社会新胜利而奋斗：在中国共产党第十七次全国代表大会上的报告 [N]. 人民日报，2007-10-25（1）.
③ 中共中央宣传部、教育部关于进一步加强和改进高等学校思想政治理论课的意见 [M] //中华人民共和国学校思想政治理论课重要文献选编. 北京：人民出版社，2022：1155.

主义事业的建设者和接班人”，思政课的根本目标和任务始终紧紧围绕“培养人”这个核心。这是思政课设立的原点，也是思政课的根本。

二、新时代对立德树人的再强调与新注解

习近平总书记强调：“办好思政课，最根本的是要全面贯彻党的教育方针，解决好培养什么人、怎样培养人、为谁培养人这个根本问题。”① 中国特色社会主义进入新时代，国际国内形势的深刻变化，不同思想文化的交流交融交锋，社会思潮的多元多样多变，改革开放和社会主义市场经济的深入推进，互联网等新的传播渠道的迅速发展，在有力促进社会发展进步的同时，也给社会思想文化领域带来复杂影响，更对人才培养提出了新的挑战。以习近平同志为核心的党中央，深刻把握教育规律，牢牢抓住教育的关键问题，对新时代教育立德树人的根本任务提出了新的注解。

针对思政课“培养什么人”，2018 年 5 月，习近平总书记在北京大学师生座谈会上直截了当地指出，“我先给一个明确答案，就是我们的教育要培养德智体美全面发展的社会主义建设者和接班人”②，他还向新时代青年提出了“要爱国，忠于祖国，忠于人民；要励志，立鸿鹄志，做奋斗者；要求真，求真学问，练真本领；要力行，知行合一，做实干家”的要求，这实际上也是对培养什么人

---

① 习近平. 思政课是落实立德树人根本任务的关键课程 [J]. 求是，2020 (17)：8.

② 习近平. 在北京大学师生座谈会上的讲话 [N]. 人民日报，2018-05-03 (2).

的更具体回答。2019 年 3 月，在学校思想政治理论课教师座谈会上，习近平总书记再次强调，"我们培养人的目标是什么要搞清楚，现在非常明确坚定地提出要培养社会主义建设者和接班人""努力培养担当民族复兴大任的时代新人，培养德智体美劳全面发展的社会主义建设者和接班人"①。2023 年 5 月，习近平总书记主持中共中央政治局第五次集体学习时指出，"我们建设教育强国的目的，就是培养一代又一代德智体美劳全面发展的社会主义建设者和接班人，培养一代又一代在社会主义现代化建设中可堪大用、能担重任的栋梁之才，确保党的事业和社会主义现代化强国建设后继有人"②。新时代对人才培养的具体要求发生了变化，但其本质并未改变。

针对思政课"怎样培养人"，2014 年 5 月，习近平总书记在北京大学考察时强调，广大青年"要在勤学、修德、明辨、笃实上下功夫，下得苦功夫、求得真学问，加强道德修养、注重道德实践，善于明辨是非、善于决断选择，扎扎实实干事、踏踏实实做人，立志报效祖国、服务人民，于实处用力，从知行合一上下功夫"③。2019 年 3 月，习近平总书记在学校思想政治理论课教师座谈会上提出，"要成为社会主义建设者和接班人，必须树立正确的世界观、人生观、价值观，把实现个人价值同党和国家前途命运紧紧联系在一

---

① 习近平. 思政课是落实立德树人根本任务的关键课程 [J]. 求是，2020 (17): 8.

② 习近平在中共中央政治局第五次集体学习时强调 加快建设教育强国 为中华民族伟大复兴提供有力支撑 [N]. 人民日报，2023-05-30 (1).

③ 习近平在北京大学考察时强调 青年要自觉践行社会主义核心价值观 与祖国和人民同行努力创造精彩人生 [N]. 人民日报，2014-05-05 (1).

起"①。2023 年 5 月，习近平总书记强调，"要坚持不懈用新时代中国特色社会主义思想铸魂育人，着力加强社会主义核心价值观教育，引导学生树立坚定的理想信念，永远听党话、跟党走，矢志奉献国家和人民"②。

针对思政课"为谁培养人"，2018 年 5 月，习近平总书记在北京大学同师生代表座谈时指出，"古今中外，关于教育和办学，思想流派繁多，理论观点各异，但在教育必须培养社会发展所需要的人这一点上是有共识的。培养社会发展所需要的人，说具体了，就是培养社会发展、知识积累、文化传承、国家存续、制度运行所要求的人。所以，古今中外，每个国家都是按照自己的政治要求来培养人的"③。2019 年 3 月，习近平总书记又强调，"我们正在为实现'两个一百年'奋斗目标而努力。未来三十年，我们培养的人要能够完成'两个一百年'的伟业。这就是教育的历史责任。我们党立志于中华民族千秋伟业，必须培养一代又一代拥护中国共产党领导和我国社会主义制度、立志为中国特色社会主义事业奋斗终身的有用人才"④。

关于"培养什么人、怎样培养人、为谁培养人"这个根本问题和立德树人这个根本任务，习近平总书记曾反复提及，且每次都旗

① 习近平. 思政课是落实立德树人根本任务的关键课程［J］. 求是，2020（17）：7.
② 习近平在中共中央政治局第五次集体学习时强调　加快建设教育强国　为中华民族伟大复兴提供有力支撑［N］. 人民日报，2023-05-30（1）.
③ 习近平. 在北京大学师生座谈会上的讲话［N］. 人民日报，2018-05-03（2）.
④ 习近平. 思政课是落实立德树人根本任务的关键课程［J］. 求是，2020（17）：7.

帜鲜明地给出回答，这体现了习近平总书记对新时代中国特色社会主义教育发展规律的深刻把握。青年是祖国的未来、民族的希望。在我国，各级各类学历教育在校生 2.93 亿人，全国各种形式的高等教育在学总规模 4655 万人。① 这些青年寄托着千家万户的希望，也承载着中华民族的梦想。在世界百年未有之大变局加速演进、人才竞争日益激烈、意识形态领域斗争尖锐复杂、推进中华民族伟大复兴步入关键时期的时代背景下，习近平总书记关于立德树人根本任务的再强调和新注解无疑具有极为重要的现实意义。

从新民主主义革命时期，到中国特色社会主义新时代，我们党始终把立德树人作为教育的根本任务，更是作为思想政治教育和思政课的根本任务。思政课的每一次发展、改革、创新，都是为了更好地服务于这一根本任务。

第二节 坚持开展理论、历史与现实教育的基本逻辑

思想政治理论课建设历程已近百年，从教育内容来看，经历了由少至多、由粗至细、由简至繁的过程，课程体系经历了大大小小十几次调整，但其中的核心内容无外乎理论、历史与现实三方面。

一、开展理论、历史与现实教育是思政课不断发展完善的结果

思想政治理论课首先是一门理论课。在高等教育课程体系中，

① 2022 年全国教育事业发展统计公报 ［N］. 中国教育报，2023-07-06 (3).

存在着各种各样的课程，每一类课程都承担着自己的功能，也具有自己的特性。尽管思想政治理论课也具有很强的实践属性，但其首先是一门理论课，是一门以理论教学为主要活动的课程。从课程名称来看，思政政治理论课先后有过"马克思主义理论课""政治理论课""政治课""马列主义理论课""马克思主义理论课""思想教育课""思想品德课"等称呼上的变化，但其中大部分都有"理论"二字，体现出鲜明的理论课属性。

在思政课建设过程中，理论教育是最早出现的。新民主主义革命时期的思想政治理论课就以"马列主义""辩证唯物主义""科学社会主义""政治经济学"为主，强调用马克思列宁主义、毛泽东思想武装青年，培养坚强的革命接班人。新中国成立后，高校思想政治教育"为了建立和巩固为人民服务的思想，应当提倡和鼓励马克思列宁主义世界观和毛泽东思想的学习"①。同时，也开设"中国革命运动史""中国革命史"等历史教育课程。但很快，在教学内容方面就发现存在"对社会发展史及新民主主义论的讲授重点不够明确"等问题，并对社会发展史的内容重点进一步明确。② 早在1951年，教育部就要求各高等学校设立时事学习讲座，要求在各校教务长领导下，邀集学生代表、政治课教师及教职员工代表共同组织"学习时事委员会"。主要任务为负责推动各校二、三、四年级学

---

① 钱俊瑞在第一次全国教育工作会议上的总结报告要点（节录）[M]//教育部社会科学司.普通高校思想政治理论课文献选编（1949—2008）.北京：中国人民大学出版社，2008：4.

② 教育部关于全国高等学校暑期政治课教学讨论会情况及下学期政治课应注意事项的通报（节录）[M]//教育部社会科学司.普通高校思想政治理论课文献选编（1949—2008）.北京：中国人民大学出版社，2008：6.

生，积极参加时事学习。对时事学习的重视可见一斑。① 从 1953 年开始，为避免各门课程之间的内容重复，将"新民主主义论"修改为"中国革命史"，要求多从革命运动，对敌斗争、革命建设的历史实际来说明毛泽东思想。② 从 1958 年 4 月开始，高校思想政治工作强调，"对党的重要方针、政策、任务，毛主席的著作和国内外重大时事，应当占用政治课的正课时间及时进行教学"③，开始将现实教育纳入视野。这一要求在 1961 年 4 月被正式纳入文件，教育部《改进高等学校共同政治理论课程教学的意见》中明确提出，高等学校共同政治理论课包括"马克思列宁主义基础理论""形势和任务"，"形势和任务"课为各专业、各年级的必修课程，主要内容是讲解国内外形势、党和国家的任务、方针、政策。④ 之后，现实教育又以"时事政策教育"等名称出现。"文化大革命"结束后，"辩证唯物主义与历史唯物主义""政治经济学""中国共产党党史""国际共产主义运动史"四门课程最先被恢复，基本逻辑仍然是理论与历史教育。1982 年前后，形势任务教育与思想品德课同时出现在课程方

---

① 教育部关于规定华北地区各高等学校成立时事学习委员会的通令［M］//中华人民共和国学校思想政治理论课重要文献选编．北京：人民出版社，2022：87.

② 中央人民政府高等教育部关于改"新民主主义论"为"中国革命史"及"中国革命史"的教学目的和重点的通知［M］//教育部社会科学司．普通高校思想政治理论课文献选编（1949—2008）．北京：中国人民大学出版社，2008：16.

③ 对高等学校政治教育工作的几点意见（草稿）［M］//教育部社会科学司．普通高校思想政治理论课文献选编（1949—2008）．北京：中国人民大学出版社，2008：34.

④ 改进高等学校共同政治理论课程教学的意见［M］//教育部社会科学司．普通高校思想政治理论课文献选编（1949—2008）．北京：中国人民大学出版社，2008：41.

案中。1986 年 7 月，面对国际上中苏、中日关系变化和国内政治体制改革形势，为因势利导，教育引导学生正确认识当前的形势和各项方针政策，中央宣传部、国家教委再次发出通知，要求有针对性地进行形势政策教育。① 1986 年 9 月开始设立的法律基础知识专题讲座，实际上也属于现实教育的一部分。1987 年 5 月，中共中央《关于改进和加强高等学校思想政治工作的决定》指出，"要使学生掌握马克思主义的基本原理，了解中国革命的历史，正确理解建设有中国特色的社会主义的理论和实践，树立辩证唯物主义和历史唯物主义的世界观，确立远大的理想和正确的人生观"。"要经常地、有针对性地进行形势、政策教育，帮助学生正确理解党的路线、方针、政策，从而使他们坚定社会主义信念，拥护改革、开放，更好地团结在党的周围。"②

　　在 1985 年至 1987 年间，比较成熟的马克思主义理论课和思想教育课的"两课"课程体系基本形成。马克思主义理论课主要有"马克思主义原理""中国革命史""中国社会主义建设""世界政治经济与国际关系"，思想教育课程主要有"法律基础""大学生思想修养""人生哲理""职业道德"，这个课程体系沿用了很长时间。1998 年前后开始实施新的"两课"课程体系，马克思主义理论课程主要有"马克思主义哲学原理""马克思主义政治经济学原理""毛

---

① 中共中央宣传部、国家教育委员会关于对高等学校学生深入进行形势政策教育的通知（节录）［M］//教育部社会科学司.普通高校思想政治理论课文献选编（1949—2008）.北京：中国人民大学出版社，2008：115.

② 中共中央关于改进和加强高等学校思想政治工作的决定［M］//中华人民共和国学校思想政治理论课重要文献选编.北京：人民出版社，2022：696.

泽东思想概论""邓小平理论概论""当代世界经济与政治",思想道德课程主要有"思想道德修养""法律基础"。2005 年前后形成的新的思想政治理论课将课程合并压缩为"马克思主义基本原理""毛泽东思想、邓小平理论和'三个代表'重要思想概论""中国近现代史纲要""思想道德修养与法律基础",同时开展形势政策教育。从"85 方案"到"98 方案",再到"05 方案",理论教育、历史教育、现实教育都贯穿其中。

二、开展理论、历史与现实教育是思政课人才培养的必然要求

思想政治理论课的根本任务是立德树人,用马克思主义及其中国化时代化成果武装大学生头脑,使青年学生树立正确的世界观、人生观、价值观,这就必须对学生进行系统的马克思主义基本理论的教育,从正面进行理论灌输。青年学生只有用系统的马克思主义理论武装起来,具有深厚的马克思主义理论素养,才能具有坚定的政治信仰和立场,才能在变动不居的社会变革中不迷茫、不盲从、不落伍,才能成为名副其实的社会主义建设者和接班人。以"05 方案"的"马克思主义基本原理"课程为例,该课程不仅讲授马克思、恩格斯以及后继者所创立的马克思主义基本原理,而且讲授马克思主义的世界观和方法论,帮助学生从整体上把握马克思主义,提高马克思主义的理论素养,正确认识人类社会发展的基本规律,引导学生用马克思主义的立场、观点、方法观察认识人类社会发展的一般规律、资本主义的历史和现状,认清资本主义经济实质及其在当代的新特征与发展的规律,懂得资本主义必然为社会主义所代

替、人类走向更高境界的历史规律。"毛泽东思想和中国特色社会主义理论体系概论"课，着重讲授马克思主义中国化时代化的重大理论成果，帮助学生系统掌握毛泽东思想、邓小平理论、"三个代表"重要思想和科学发展观，对中国共产党领导人民进行革命、建设、改革的历史进程、历史变革、历史成就有更加全面的了解；对中国共产党坚持把马克思主义基本原理同中国具体实际相结合、同中华优秀传统文化相结合，不断推进马克思主义中国化时代化有更加深刻的理解；对马克思主义中国化时代化过程中形成的理论成果有更加深刻的把握；运用马克思主义立场、观点和方法认识问题、分析问题和解决问题的能力有更加明显的提升。"习近平新时代中国特色社会主义思想概论"作为一门新增设的课程，着重讲授习近平新时代中国特色社会主义思想的核心内容，包括"十个明确""十四个坚持""十三个方面成就""六个必须坚持"等，目的是帮助大学生系统掌握习近平新时代中国特色社会主义思想的主要内容和科学体系，把握这一思想的世界观、方法论和贯穿其中的立场、观点、方法，增进政治认同、思想认同、理论认同、情感认同，切实做到学思用贯通、知信行统一。这些都属于理论教育范畴。

欲知大道，必先为史。重视对历史的学习、研究、宣传，注意对历史经验的总结、借鉴、汲取，是中华民族的优良传统，也是推进党和国家事业发展的现实需要。习近平总书记把历史比喻为最好的教科书，强调"学习党史、国史，是坚持和发展中国特色社会主义、把党和国家各项事业继续推向前进的必修课"①。开展历史教育，目的是以史鉴今、资政育人。大学生是中国特色社会主义事业的建设者和接班人，是祖国未来各条战线的生力军。为了肩负起将要担负的责任，必须了解中国的国情。历史、现实和未来是相通的，学习中国近现代史有助于了解昨天，把握今天，更好地走向明天。以"中国近现代史纲要"为例，课程着重讲授中国近代以来抵御外来侵略、争取民族独立、推翻反动统治、实现人民解放的历史，主要帮助青年学生认识近现代中国社会发展和革命、建设、改革的历史进程及其内在规律，深刻领会历史和人民是怎样选择了马克思主义、选择了中国共产党、选择了社会主义道路、选择了改革开放，深刻领会中国共产党为什么能、马克思主义为什么行、中国特色社会主义为什么好，更加坚定地在中国共产党坚强领导下为实现中华民族伟大复兴而不懈奋斗。

习近平总书记强调，要教育引导学生正确认识世界和中国发展大势，从我们党探索中国特色社会主义的历史发展和伟大实践中，认识和把握人类社会发展的历史必然性，认识和把握中国特色社会主义的历史必然性，不断树立为共产主义远大理想和中国特色社会主义共同理想而奋斗的信念和信心；正确认识中国特色和国际比较，全面客观认识当代中国、看待外部世界；正确认识时代责任和历史使命，用中国梦激扬青春梦，为学生点亮理想的灯、照亮前行的路，激励学生自觉把个人的理想追求融入国家和民族的事业，勇做走在

---

① 习近平在中共中央政治局第七次集体学习时强调 在对历史的深入思考中更好走向未来 交出发展中国特色社会主义合格答卷 [N]. 人民日报，2013-06-27 (1).

时代前列的奋进者、开拓者；正确认识远大抱负和脚踏实地，把远大抱负落实到实际行动中，让勤奋学习成为青春飞扬的动力，让增长本领成为青春搏击的能量。这就要求青年学生不仅要具备过硬的马克思主义理论素养，更要认清当前的国际国内形势和自身所处的环境，这就需要进行现实教育。以当前开展的"形势与政策"课程为例，主要是对学生进行马克思主义形势观的教育，引导学生学会运用马克思主义的立场、观点、方法观察形势，从总体上把握改革开放和社会主义现代化建设的大势，从而帮助学生正确认识国内外形势，深刻理解党的路线、方针和政策，激发爱国主义精神，增强民族自信心和社会责任感，确立为强国建设、民族复兴而奋斗的政治方向。当前的"思想道德与法治"课程，也可以算是一种现实教育。其主要针对大学生成长过程中面临的思想道德与法治问题，以世界观、人生观、价值观、道德观为主线，依据大学生成长的基本规律，进行社会主义道德教育和法治教育，帮助大学生提升思想道德素质和法治素养，成长为自觉担当民族复兴大任的时代新人。

第三节　坚持思政课建设与党的创新理论武装同步推进

在学校思想政治理论课教师座谈会五周年之际，习近平总书记对学校思政课建设做出重要指示，强调要"坚持思政课建设与党的创新理论武装同步推进"①。从实践角度看，这是对守正创新推动思政课内涵式发展提出的明确要求；从理论角度看，这是对思政课建设与党的创新理论武装二者关系的深刻阐释，体现了党对理论创新发展规律、教书育人规律和思政课建设规律的深刻把握。面对思政课建设在新时代面临的新形势新任务，深入讨论和准确把握思政课建设与党的创新理论武装"为什么要同步推进""如何实现同步推进"，对于贯彻落实习近平总书记重要指示和新时代学校思政课建设推进会精神具有重要意义。

一、思政课建设与党的创新理论武装同步推进的逻辑必然

坚持思政课建设与党的创新理论武装同步推进是二者关系的内在逻辑要求，深刻把握其中的理论逻辑、历史逻辑和实践逻辑，才能搞清楚"为什么要同步推进"这个认识前提。

（一）理论武装是理论转化为实践的必经之路

一个民族要走在时代前列，就一刻不能没有理论思维，一刻不能没有正确的理论指引。而理论在一个国家实现的程度取决于理论满足现实需要的程度，理论作用发挥的效度取决于理论见诸实践的深度，可以说，理论的目的全在于运用。马克思在《〈黑格尔法哲学批判〉导言》中明确指出，"理论一经掌握群众，也会变成物质力

---

① 习近平对学校思政课作出重要指示强调　不断开创新时代思政教育新局面　努力培养更多让党放心爱国奉献担当民族复兴重任的时代新人［N］. 人民日报，2024-05-12（1）.

量。理论只要说服人，就能掌握群众；而理论只要彻底，就能说服人"①。在列宁看来，"没有革命的理论，就不会有革命的运动"②。毛泽东也指出，"代表先进阶级的正确思想，一旦被群众掌握，就会变成改造社会、改造世界的物质力量"③。这里所说的理论掌握群众或者被群众掌握的过程，就是理论武装。可见，理论武装是理论与实践主体相结合的关键环节，也是理论转化为实践的基本前提和必经之路。理论只有通过长期的、广泛的、系统的、不间断的传播和教育才能真正进入人们的头脑，为人们掌握、认同和运用，成为他们认识世界、改造世界的强大思想武器，进而转化为实践的物质力量。

回顾中国共产党带领中国人民不懈奋斗的光辉历程，一以贯之、持之以恒开展理论创新和进行理论武装是中国革命、建设、改革不断取得胜利的重要法宝。十月革命一声炮响为中国送来了马克思列宁主义。正是深刻认识到马克思主义的科学性、实践性，早期先进分子积极翻译、出版马克思主义相关著作，为马克思主义在中国的传播打下了坚实基础，也为中国共产党的成立奠定了重要思想理论基础。中国共产党不仅善于学习，更善于创造。历经新民主主义革命时期、社会主义革命和建设时期、改革开放和社会主义现代化建

---

① 中共中央马克思恩格斯列宁斯大林著作编译局 . 马克思恩格斯选集：第1卷［M］.北京：人民出版社，2012：9.
② 中共中央马克思恩格斯列宁斯大林著作编译局 . 列宁选集：第1卷［M］. 北京：人民出版社，2012：153.
③ 中共中央文献研究室 . 毛泽东文集：第8卷［M］. 北京：人民出版社，1999：320.

设时期，以毛泽东、邓小平、江泽民、胡锦涛为主要代表的中国共产党人，将马克思主义基本原理同中国具体实际相结合，创立了毛泽东思想、邓小平理论，形成了"三个代表"重要思想、科学发展观。为强化理论武装、使全党上下保持思想上的统一和行动上的一致，党内先后开展了整风、整党、"三讲"教育活动、先进性教育等多种形式的集中主题教育，确保全党在正确的思想理论指导下开展革命、建设和改革，最终成功实现了民族独立、人民解放，完成了社会主义革命，推进改革开放和社会主义现代化建设取得重大成就。正如党的七大强调提出的，"掌握思想教育，是团结全党进行伟大政治斗争的中心环节"①。

中国特色社会主义进入新时代，以习近平同志为主要代表的中国共产党人坚持把马克思主义基本原理同中国具体实际相结合、同中华优秀传统文化相结合，科学回答了新时代坚持和发展什么样的中国特色社会主义、怎样坚持和发展中国特色社会主义等重大时代课题，创立了习近平新时代中国特色社会主义思想，为新时代党和国家事业发展提供了根本遵循。习近平总书记高度重视理论武装，强调，"理论上坚定清醒是思想政治上坚定清醒的前提，科学理论是理想信念坚定的基础"②。党的十八大以来，先后开展了党的群众路线教育实践活动、"三严三实"专题教育、"两学一做"学习教育、"不忘初心、牢记使命"主题教育、党史学习教育和党纪学习教育等党内集中教育，并把学习习近平新时代中国特色社会主义思想作为

---

① 毛泽东选集：第三卷［M］.北京：人民出版社，1991：1094.
② 中共中央党史和文献研究院.习近平关于依规治党论述摘编［M］.北京：中央文献出版社，2022：184.

其中的首要任务和核心要义。通过强化理论武装，全党思想上更加统一、政治上更加团结、行动上更加一致，党的政治领导力、思想引领力、群众组织力、社会号召力显著增强。在习近平新时代中国特色社会主义思想指导下，党心军心民心空前凝聚振奋，全国各族人民坚持不懈奋斗，全面建成小康社会目标如期实现，党和国家事业取得历史性成就、发生历史性变革，强国建设、民族复兴展现出前所未有的光明前景。

（二）思政课建设与理论武装同步推进是党领导教育工作的重要传统和宝贵经验

理论武装的过程就是理论掌握群众的过程，开展系统的马克思主义理论教育是思政课的重要任务。"党的意志、国家意志和人民意志的内在一致性，决定了思想政治理论课程应依据党的思想政治理论发展的客观要求，不断充实、调整思想政治理论课程内容。"①

回顾高校思政课改革创新的历史进程，每一次课程体系改革的推进都伴随党的创新理论发展。新中国成立初期的高校思政课就不仅包含了"辩证唯物论与历史唯物论"等马克思主义基本理论，更面向学生开设"新民主主义论"，注重用马克思主义中国化理论成果武装学生头脑。② 1978 年教育部办公厅印发的《关于加强高等学校马列主义理论教育的意见》，就明确指出"马列主义、毛泽东思想，是我们党和国家的指导思想和理论基础，是全党全军全国人民的行

---

① 骆郁廷. 高校思想政治理论课程论［M］. 武汉：武汉大学出版社，2006：90.

② 华北专科以上学校一九四九年度公共必修课过渡时期实施暂行办法［M］//教育部社会科学司. 普通高校思想政治理论课文献选编（1949—2008）. 北京：中国人民大学出版社，2008：2.

动指南。一切革命者都必须认真学习""马列主义理论课是社会主义
各类高等学校的必修课；开设马列主义理论课，是新中国大学区别
于旧中国大学，社会主义高等学校区别于资本主义高等学校的一个
重要标志"①。1985 年 8 月，中共中央《关于改革学校思想品德和政
治理论课教学的通知》规定了高校思政课有四方面主要内容，其中
就包括"进行马克思主义基本理论的教育"和"进行中国社会主义
建设和改革的理论、政策和实际知识的教育"。② 党的十五大把邓小
平理论确立为党的指导思想。与之相适应，1998 年 6 月，中宣部、
教育部开发《关于普通高等学校"两课"课程设置的规定及其实施
工作的意见》（"98 方案"）将"中国革命史"改为"毛泽东思想
概论"，将"中国社会主义建设"改为 64 学时的"邓小平理论概
论"，形成了以马克思主义中国化两次历史性飞跃的理论成果为核心
内容的课程体系。③ 伴随着党的理论创新不断推进，党的理论武装和
思政课建设的步伐也不断跟进。2002 年，党的十六大把"三个代
表"重要思想与马克思列宁主义、毛泽东思想和邓小平理论一道确
立为我们党必须长期坚持的指导思想。2003 年 2 月，教育部发出通
知，明确将"邓小平理论概论"课调整为"邓小平理论和'三个代

① 教育部办公厅关于加强高等学校马列主义理论教育的意见［M］//教育部社会
科学司．普通高校思想政治理论课文献选编（1949—2008）．北京：中国人民大
学出版社，2008：70．
② 中共中央关于改革学校思想品德和政治理论课程教学的通知［M］//教育部社
会科学司．普通高校思想政治理论课文献选编（1949—2008）．北京：中国人民
大学出版社，2008：107．
③ 中共中央宣传部、教育部关于普通高等学校"两课"课程设置的规定及其实施
工作的意见［M］//中华人民共和国学校思想政治理论课重要文献选编．北京：
人民出版社，2022：947．

表'重要思想概论"课。① 2005 年中宣部、教育部印发的《关于进一步加强和改进高等学校思想政治理论课的意见》（"05 方案"）又将"毛泽东思想"合并其中，将课程调整为"毛泽东思想、邓小平理论和'三个代表'重要思想概论"。② 2007 年，党的十七大对深入贯彻落实科学发展观提出了明确要求，并创造性提出了中国特色社会主义理论体系。适应党的创新理论发展和理论武装需要，2008 年8 月，教育部发出通知，将"毛泽东思想、邓小平理论和'三个代表'重要思想概论"调整为"毛泽东思想和中国特色社会主义理论体系概论"，将科学发展观纳入课程内容。

2017 年，党的十九大首次提出习近平新时代中国特色社会主义思想，并将这一理论创新成果写入党章。为及时用党的最新理论成果武装大学生头脑，用习近平新时代中国特色社会主义思想铸魂育人，中办、国办印发《关于深化新时代学校思想政治理论课改革创新的若干意见》，要求"加强以习近平新时代中国特色社会主义思想为核心内容的思政课课程群建设"。此后，首先在复旦大学、中国人民大学等个别高校试点开设"习近平新时代中国特色社会主义思想概论"课，随后在 37 所全国重点马克思主义学院所在高校开设，最后于 2022 年秋季学期在全国高校全面单独开设。除单独开设"习近

① 教育部关于进一步深化"三个代表"重要思想"三进"工作的通知［M］//中华人民共和国学校思想政治理论课重要文献选编. 北京：人民出版社，2022：1007.

② 中共中央宣传部、教育部关于进一步加强和改进高等学校思想政治理论课的意见［M］//教育部社会科学司. 普通高校思想政治理论课文献选编（1949—2008）. 北京：中国人民大学出版社，2008：215.

平新时代中国特色社会主义思想概论"外，不少高校还开设了"习近平文化思想""习近平法治思想"等选修课。

纵观思政课发展历程，其指导思想、核心内容始终与党的理论创新和理论武装密不可分，随着理论创新和理论武装的需要而不断调整。这既确保了思政课教学内容的与时俱进，也确保了党的创新理论成果能够第一时间进入课堂、教材和学生头脑，成为党开展理论武装的重要传统和宝贵经验。

（三）思政课是立德树人的主渠道和理论武装的重要阵地

青年兴则国家兴，青年强则国家强。习近平总书记在党的二十大报告中强调，"全党要把青年工作作为战略性工作来抓，用党的科学理论武装青年"。青年处于人生道路的起步阶段，是心智逐渐健全、理想信念确定、世界观人生观价值观形成的关键时期，同时在理想和现实、利己和利他、个人和集体、国家和世界等话题的理解认知上难免会存在困惑。为青年解疑释惑、廓清迷雾，迫切需要科学的理论武装。强化理论武装，能够帮助青年正确认识世界，树立起崇高理想、坚守价值追求；强化理论武装，能够帮助青年掌握马克思主义的基本立场、观点和方法，领会马克思主义的精髓要义，提高分析和解决现实问题的能力；强化理论武装，能够帮助青年掌握科学的思维方法，养成良好的历史思维、辩证思维、系统思维和创新思维，创造属于自己的多彩人生。

然而，"党的创新理论不是自然而然进入青年学生头脑的，正确的政治立场、坚定的理想信念也不是凭空产生的，需要持续在理论上武装、在实践中锤炼"①。相较于报告、宣讲、交流等其他理论武装形式，以思政课为载体的理论学习具有专业性、系统性和规范性等鲜明优势，是党的创新理论武装的重要组成部分。一是思政课教师要求接受马克思主义理论学科的系统训练，具有扎实的理论素养，具有统一规范的授课要求；二是思政课必修课教材全部由国家教材委员会组织编审，教材内容系统、专业，理论观点准确、权威；三是思政课教学具有严格的课时安排和教学管理保障，与学生专业课学习和校园生活相结合，遵循学生认知、成长规律，教学连贯统一、循序渐进。这些有利条件为党的创新理论入脑入心提供了有力保障，也正因如此，思政课作为落实立德树人根本任务的关键课程，在青年思想理论武装方面具有不可替代的地位和作用。

党的十八大以来，以习近平同志为核心的党中央把思政课建设作为党领导教育工作的重中之重抓紧抓实，思政课的重要地位越发凸显，在党的创新理论武装方面发挥的作用也越来越巨大。

二、思政课建设与党的创新理论武装同步推进的内在要求

同步推进是定规划、抓工作常用的一种时态和语态，但面对不同对象其含义也各不相同，内在要求更是大相径庭。深刻把握思政课建设与党的创新理论武装同步推进的目标、原则、要求，是统一思想认识、确保取得实效的重要前提和基础。

---

① 缪劲翔. 坚持用新时代党的创新理论引领推动思政课建设内涵式发展 [N]. 学习时报，2024-07-03（A1）.

（一）共同指向培养社会主义建设者和接班人

"培养什么人，是教育的首要问题。"习近平总书记强调，"我国是中国共产党领导的社会主义国家，这就决定了我们的教育必须把培养社会主义建设者和接班人作为根本任务，培养一代又一代拥护中国共产党领导和我国社会主义制度、立志为中国特色社会主义奋斗终身的有用人才。"① 作为落实立德树人根本任务的关键课程，思政课的本质是讲道理，这个道理不是一般意义上的道理，而是马克思主义的道理。马克思主义作为被实践证明了的真理，深刻揭示了自然界、人类社会和人类思维发展的最普遍、最一般、最根本的规律，成为指引中国共产党和中国人民前进的指导思想。新时代思政课的根本任务就是通过系统的理论学习和实践教育，让学生深入了解世情、国情、党情、民情，深刻认识"马克思主义为什么行，中国共产党为什么能，中国特色社会主义为什么好"，自觉成长为中国特色社会主义的合格建设者和可靠接班人。

同时，作为一个拥有 9900 多万党员的世界第一大党（截至 2023 年 12 月），又面对错综复杂的国际国内形势、艰巨繁重的改革发展稳定任务、各种难以预料的风险挑战，要实现既定战略目标，把宏伟蓝图变为美好现实，就必须发挥好以科学理论引领、用科学理论武装的政治优势，以思想高度统一确保政治统一、行动统一，在推动思想自觉、促进理论自信中推动社会主义事业向前发展。可见，无论是青年学生还是党员干部、广大群众，都需要通过理论武装来

---

① 习近平在全国教育大会上强调 坚持中国特色社会主义教育发展道路 培养德智体美劳全面发展的社会主义建设者和接班人 [N]. 人民日报，2018-09-11 (1).

掌握科学思维，解决理想信念问题，培养科学的世界观、方法论，从而形成全社会共同的思想基础，确保中国特色社会主义事业后继有人、代代相传。思政课建设的目标与理论武装的指向在这一点上必须高度一致，如果教育学生是一套，教育干部群众是另一套，教育效果就会大打折扣，甚至扭曲变形。

（二）确保思政课建设与理论武装协同配合、步调一致

思政课建设与理论武装同步推进，不仅要求目标一致，而且要求步调一致，如一体之两翼、驱动之双轮，实现二者的协同配合、同频共振。

一方面，理论武装要用足用好思政课这个主渠道，通过党的创新理论进校园、进课堂、进教材，实现理论的大众化、普及化传播，不断扩大理论武装的覆盖面。科学理论只有走近群众，武装群众，才能更好地体现价值、彰显伟力。列宁曾说"最高限度的马克思主义＝最高限度的通俗化"①。毛泽东也曾强调："善于把党的政策变为群众的行动，善于使我们每一个运动、每一个斗争，不但领导干部懂得，而且广大的群众都能懂得，都能掌握。"② 坚持思政课建设与党的创新理论武装同步推进，就要不断加强党的创新理论的研究、宣传、阐释，通过组织集中理论宣讲、编写教学讲义、开展集体备课等方式，把最新理论成果融入思政课，用源头活水滋养青年学生的思想沃土，形成培根铸魂、启智润心的有效合力。

另一方面，思政课建设要紧扣理论武装这个核心，强化思政课

① 中共中央马克思恩格斯列宁斯大林著作编译局．列宁全集：第36卷［M］．北京：人民出版社，1959：467.
② 毛泽东选集：第四卷［M］．北京：人民出版社，1991：1319.

的政治性、时代性与针对性，实现内涵式、高质量发展。政治性是思政课的本质属性，办好中国特色社会主义教育，就是要理直气壮开好思政课，毫不含糊地突出"讲政治"的根本要求，用马克思主义和党的创新理论武装学生头脑。面对信息技术革命引发的学生思维方式、学习习惯与知识需求的深刻变化，思政课建设要准确把握时代脉搏，找准学生理论学习的兴趣点、思想认识的疑惑点，在理论联系实际、古今中外对比中不断提高课程的针对性和吸引力，把道理讲深讲透讲活，坚定理论自信。

（三）推动创新理论成果的有机融入与全要素覆盖

思政课建设与创新理论武装的同步推进，必须坚持时空同步，充分发挥创新理论的引领、推动作用。

同步推进要求时间上的同步开展。党的理论创新每前进一步，理论武装就要跟进一步，思政课程体系建设就要做出及时、相应的调整与创新。要坚持用马克思主义中国化时代化的最新成果武装头脑，指导实践。中国化时代化的马克思主义能够洞察时代风云，把握时代脉搏，科学回答中国之问、世界之问、人民之问、时代之问。要深入研究互联网条件下理论武装的规律和特点，让党的创新理论更加可亲、可知、可感，与学生的日常学习、生活和实践产生关联，在增进政治认同、思想认同、理论认同、情感认同中激发责任意识，展现使命担当，坚定不移听党话、跟党走，始终沿着人生成长发展的正确方向和道路前进。

同步推进要求范畴上的同步落实。要把党的创新理论成果及时体现在课程设置、教材编写、教学实践、教师队伍建设各方面。对创新理论的把握能力及对创新理论的阐释程度直接体现出思政课建设水平的高低，要以党的创新理论为引领，激活思政课建设新动能，通过紧密结合国际形势的新变化、社会精神文化的新发展以及学生思想观念的新动向，围绕党的创新理论研究、阐释、传播和实践，不断提升课程、教材和师资队伍建设水平，提高课程建设的思想性、针对性和实效性，创新思政课建设学科体系、学术体系、话语体系，推动党的创新理论成果的有机融入与全要素覆盖，实现思政课建设高质量、内涵式发展。

三、思政课建设与党的创新理论武装同步推进的实现路径

坚持思政课建设与党的创新理论武装同步推进是一个系统工程，虽有长期成功经验，但也面临新的任务和要求。进入新时代，坚持思政课建设与党的创新理论武装同步推进，必须以党的创新理论为引领推动思政课建设内涵式发展，不断将理论优势转化为育人成效。具体而言，要用好课堂教学主渠道，善用社会实践大课堂，抓好教师队伍"生力军"，为思政课建设与党的创新理论武装同步推进提供根本保证和有力支撑。

（一）加强以习近平新时代中国特色社会主义思想为核心内容的课程教材体系建设

习近平新时代中国特色社会主义思想是党的理论创新最新成果，是当代中国马克思主义、21 世纪马克思主义。加强以习近平新时代中国特色社会主义思想为核心内容的课程教材体系建设，用习近平新时代中国特色社会主义思想铸魂育人是新时代思政课建设和党的

创新理论武装的关键举措。一是全力开好讲好"习近平新时代中国特色社会主义思想概论"课。全面系统讲授习近平新时代中国特色社会主义思想的时代背景、科学体系、主要内容、精髓要义和实践要求，帮助学生把握这一思想的世界观、方法论和贯穿其中的立场观点方法，增进政治认同、思想认同、理论认同、情感认同，切实做到学思用贯通、知信行统一。紧跟党的理论创新步伐，及时跟进教材、课件、讲义、教辅建设，通过理论宣讲、专题培训、集体备课等方式提升教师理论素养，把这门课真正打造成学生"悟规律、明方向、学方法、增智慧"的"人生金课"。二是调整完善思政课程体系。全面梳理各门思政课之间的内在逻辑，以习近平新时代中国特色社会主义思想为核心内容，统筹考虑大中小学思政课一体化建设，从整体性出发设计不同学段、不同课程的教学内容，使各学段的课程内容协同配合、有序进阶，形成横向贯通、纵向衔接、螺旋上升、一体推进的思政课程体系。重点围绕习近平新时代中国特色社会主义思想，党史、国史、改革开放史、社会主义发展史，宪法法律，中华优秀传统文化等设定课程模块，开设系列选择性必修课程。三是加强教育资源建设。遵循青年成长规律和教育发展规律，积极推动数字化技术运用和线上线下资源结合，加强数字化教育资源建设，以新时代中国特色社会主义取得的举世瞩目成就为内容支撑，以中华优秀传统文化、革命文化和社会主义先进文化为力量根基，为思政课建设和理论武装提供专业权威的教育资源。

（二）善用"大思政课"推动创新理论武装走深走实

习近平总书记指出，"思政课不仅应该在课堂上讲，也应该在社会生活中来讲""'大思政课'我们要善用之,一定要跟现实结合起来"①。习近平新时代中国特色社会主义思想凝结着党和人民在新时代十年伟大变革中创造的实践经验,科学回答了中国之问、世界之问、人民之问、时代之问,在与现实的结合中更能彰显思想伟力,凝聚奋进力量。"大思政课"既是引导当代青年深刻感悟新时代中国特色社会主义建设伟大事业的实践大课,也是运用不断发展着的马克思主义理论武装青年头脑的理论大课。要善用"大思政课"彰显新时代中国特色社会主义的伟大成就与生动实践,增强学生爱国爱党爱社会主义的深厚情怀,在学思践悟中推动党的创新理论武装走深走实。一要贯通历史与现实。利用丰厚的历史文化资源加强"四史"教育,重温中国共产党人的初心和使命,引导学生在时代变迁中深刻理解和把握历史规律和历史趋势,坚定共产主义理想信念。二要打通理论与实践。把握时代背景,立足生动实践,教育引导学生在深入了解我国经济社会发展状况、深刻体悟党和人民的不懈奋斗中筑牢信仰根基。三要联通国内与国际,善于在国际比较中讲好中国故事、在批判鉴别中明辨是非,用对比鲜明的事实、事例帮助学生准确全面地理解我国的发展观、文明观、安全观、人权观、生态观、国际秩序观和全球治理观,让学生读懂中国之治,解读"中国式现代化"的世界意义和独特贡献,从而坚定中国特色社会主义道路自信、理论自信、制度自信、文化自信。

---

① "'大思政课'我们要善用之"(微镜头 . 习近平总书记两会"下团组"·两会现场观察)〔N〕. 人民日报, 2021-03-07 (1).

（三）建设一支政治强、情怀深、思维新、视野广、自律严、人格正的思政课教师队伍

"办好思想政治理论课关键在教师。"① 坚持思政课建设和创新理论武装同步推进，关键同样在教师。要始终瞄准"政治强、情怀深、思维新、视野广、自律严、人格正"这一目标，不断加强思政课教师队伍建设，使其成为开展马克思主义理论宣传教育、用党的创新理论铸魂育人的中坚力量。一要强化政治品格和育人情怀。习近平总书记强调："要让有信仰的人讲信仰。对马克思主义的信仰，对社会主义和共产主义的信念，只有首先在思政课教师心中扎下根，才能在学生心中开花结果。"② 思政课教师肩负培养时代新人的光荣使命，必须坚定信仰、站稳马克思主义立场。理论武装要以党的创新理论引领思政课教师为党育人、为国育才的正确政治方向，厚植家国情怀、传道情怀和仁爱情怀，使其自觉肩负起播种信念、夯实信仰、塑造灵魂的重任，为中国特色社会主义事业培养合格建设者和可靠接班人。二要提高理论水平，拓宽思维视野。"办好思政课，就是要开展马克思主义理论教育，用新时代中国特色社会主义思想铸魂育人。"③ 用党的创新理论武装青年，要求思政课教师主动增强理论学习的自觉性和主动性，及时跟进党的创新理论学习，对创新理论的新思想新观点新论断做到学深悟透、融会贯通，能快速适应

---

① 习近平. 思政课是落实立德树人根本任务的关键课程［J］. 求是，2020（17）：15.

② 习近平. 思政课是落实立德树人根本任务的关键课程［J］. 求是，2020（17）：10.

③ 习近平. 思政课是落实立德树人根本任务的关键课程［J］. 求是，2020（17）：8.

思政课课程体系调整的新变化，为思政课建设提质增效做好知识储备。思政课教师要在理论学习中提升马克思主义理论素养，增强运用马克思主义立场观点方法观察时代、解读时代、引领时代的自觉，做党的创新理论研究、宣传、阐释、传播的排头兵。要运用创新思维、系统思维、辩证思维帮助学生认识和分析社会发展过程中出现的各种问题，以宽广的思维和视野引导学生关注宏大事件与国际难题，用"人类命运共同体"的眼光关注世界之变、时代之变、历史之变。三要涵养师德师风，提升教学能力。习近平总书记指出："老师是学生道德修养的镜子。好老师应该取法乎上、见贤思齐，不断提高道德修养，提升人格品质，并把正确的道德观传授给学生。"①思政课教师承载着价值塑造、人格养成和理论武装的重要责任，要自觉陶冶道德情操，夯实立德树人之"基"。同时，为更好地践行传道、授业、解惑，推动党的创新理论武装走深走实，还要解决"真学真懂真信真用"问题，不断提升教学技能与方法，根据时代发展要求与客观对象的特点变化探索新的方式手段，促进党的创新理论由理论体系向教材体系转化，由教材体系向教学体系转化，由教学体系向认知体系转化，由认知体系向信仰体系转化。要综合运用理论讲授、专题研讨、课外实践等多种教学方法，组织引导学生在问题探究中学习、领会，在比较分析中理解、认同，从而自觉以党的创新理论武装头脑，努力成长为堪当民族复兴重任的时代新人。

---

① 习近平在北京师范大学考察号召全国广大教师做党和人民满意的好老师 [N].
人民日报，2014-09-10（1）.

第七章

高校思政课改革创新的路径展望

新时代新征程上，思政课建设面临新形势新任务，必须有新气象新作为。要坚持以习近平新时代中国特色社会主义思想为指导，全面贯彻党的教育方针，落实立德树人根本任务，坚持思政课建设与党的创新理论武装同步推进，构建以习近平新时代中国特色社会主义思想为核心内容的课程教材体系，深入推进大中小学思想政治教育一体化建设。要始终坚持马克思主义指导地位，以中国特色社会主义取得的举世瞩目成就为内容支撑，以中华优秀传统文化、革命文化和社会主义先进文化为力量根基，把道理讲深讲透讲活，守正创新推动思政课建设内涵式发展，不断提高思政课的针对性和吸引力。要着力建设一支政治强、情怀深、思维新、视野广、自律严、人格正的思政课教师队伍，不断开创新时代思政教育新局面，努力培养更多让党放心、爱国奉献、担当民族复兴重任的时代新人。

第一节 制约高校思政课改革创新的难点堵点

经过长时间建设，尤其是新时代以来的快速发展，高校思政课取得了长足发展，各方面都取得了优异成绩。但面对新形势新要求，仍然有很多困难和不足，其中制约改革创新的难点和堵点问题主要有以下几方面。

一、思政课教师队伍建设还需要进一步加强

一是总体数量仍有不足。根据官方公布数据，到 2024 年 3 月，全国高校思政课专兼职教师达到了 14.5 万人，其中专职教师超过 11 万人，比 2012 年增加了 9.2 万人，比 2018 年增加 6 万多人，数量上有了巨大增长。[①] 但是体现在日常教学中，思政课大班教学的情况还很普遍，思政课教师的工作量远超其他专业课教师。同时，地区发展不均衡。有专家发现，个别地区和高校思政课课堂规模超过 200人，教师数量仍有缺口。

二是素质能力仍有不足。习近平总书记对思政课教师提出"六点要求"[②]。但由于历史原因，当前不少思政课教师的素质能力还存在不足。主要体现在马克思主义理论功底不够扎实，没有接受过系

---

① 不负重托办好学校思想政治理论课 [N]. 人民日报，2024-03-18 (1).
② 习近平主持召开学校思想政治理论课教师座谈会强调 用新时代中国特色社会主义思想铸魂育人 贯彻党的教育方针落实立德树人根本任务 [N]. 人民日报，2019-03-19 (1).

统的马克思主义教育，对马克思主义基本原理理解不深不透，不能灵活运用马克思主义的立场观点方法解答和解决学生的困惑问题；"四史"方面素养还不够深厚，对党的历史一知半解，没有形成系统的唯物历史观，没有树立起大历史观；教学方法单一，没有受过系统的教学法训练，不善于把握 05 后大学生的学情特点，仍存在方法单一、照本宣科等情况。

三是教师队伍管理还存在不足。不少高校青年教师在入职前未接受过系统而专门的师德师风教育，通常仅在攻读硕士或博士研究生阶段接受过学术道德教育，或者在考取教师资格证时通过学习相关科目知识而了解过师德师风教育相关内容。不同高校不同院系在政治方向、社会公序良俗、学术规范等具体事项方面尚缺乏统一标准，心理测试作为一种考察方式还未得到普遍而有效的应用。有教师反映，对高校人才引进而言，目前的招聘考察方式还不足以对应聘教师有一个更为全面深入的了解，仍需要教研组花费一定时间和精力去打听。高校师德师风建设虽然形成了长管长严的机制，但个别高校教师在一定程度上存在理想信念模糊、言行失范、育人意识淡薄、学风相对浮躁甚至学术不端等问题。有教师表示，师德违规案件屡禁不止，负面个案时有舆论发酵，网上对教师的贬低和诋毁，不仅破坏尊师重教的社会氛围，而且严重影响教师群体的社会形象和职业声誉。个别高校对师德师风中存在的苗头性、倾向性问题及可能引发的舆情处置缺乏高度警惕和有效经验。

二、思政课课程体系还需要进一步完善

课程体系问题是加强和改进高校思政课教学的关键。它涉及对

一个时期党的思想政治教育、思想政治工作的总体把握，对高校思政课体系的总体把握，对大学生思想政治素质构成的总体把握，对大学思政课课程和中学思政课课程的总体把握，是教育培养的基础、教材建设的前提，也是教学方法改革的依据。因此，它是宏观管理的重要内容，必须予以高度重视。思政课课程体系经历了多次改革。当前的课程体系是以"05 方案"为基础微调而成的，变化较大的是新增加了"习近平新时代中国特色社会主义思想概论"课。当前主要面临以下四方面问题。

一是课程设置上存在课程门数和总学时偏多。按照教育部《普通高等学校马克思主义学院建设标准（2023 年版）》，当前本科阶段思政课课程必修课共 6 门，分别是"习近平新时代中国特色社会主义思想概论" 3 学分，"马克思主义基本原理" 3 学分，"毛泽东思想和中国特色社会主义理论体系概论" 3 学分，"中国近现代史纲要" 3 学分，"思想道德与法治" 3 学分，"形势与政策" 2 学分，共 17 个学分。大部分本科阶段四年制共需修习学分 150 左右，这样计算下来思政课占比超过 10%，总体偏重。① 不少学校反映，思政课学分过多，挤占了专业课学分空间，导致专业课学分不足，对专业化人才培养造成影响。

二是本科阶段不同课程之间存在内容重复。例如，"马克思主义

---

① 历史上，思政课学分在整体学分中通常占比不超过 10%。参见《教育部关于1961—1962 学年度上学期高等学校共同政治理论课安排的几点意见》《教育部办公厅关于加强高等学校马列主义理论教育的意见》，教育部社会科学司. 普通高校思想政治理论课文献选编（1949—2008）[M]. 北京：中国人民大学出版社，2008：41，72.

基本原理"与"毛泽东思想和中国特色社会主义理论体系概论",在马克思主义中国化、社会主义建设道路的探索、社会主义初级阶段等部分存在内容重复。"毛泽东思想和中国特色社会主义理论体系概论"与"思想道德与法治"在培育和践行社会主义核心价值观、全面依法治国、走中国特色社会主义政治发展道路等部分内容存在重复。"习近平新时代中国特色社会主义思想概论"与"思想道德与法治"在习近平文化思想、全面依法治国等部分存在内容重复。"毛泽东思想和中国特色社会主义理论体系概论"与"中国近现代史纲要"内容重复最多。"中国近现代史纲要"着重讲述自 1840 年以来旧民主主义革命时期、新民主主义革命时期、社会主义革命和建设时期、改革开放和现代化建设新时期直至中国特色社会主义新时代的历史发展。而"毛泽东思想和中国特色社会主义理论体系概论"则着重讲述毛泽东思想、邓小平理论、"三个代表"重要思想和科学发展观等党的创新理论的历史背景和核心内容。讲理论不能不讲理论产生的历史和时代背景,讲历史不能不讲党的理论创新及其对中国革命事业的指导作用,这就决定了二者内容必然存在大范围重复。

三是大中小学思政课之间存在内容重复。如高中阶段思政课"哲学与文化"中对马克思主义哲学的描述,与大学阶段"思想道德与法治"中关于为什么信仰马克思主义的阐释、与"马克思主义基本原理"中关于马克思主义特征与价值的描述都有部分内容重复。高中阶段思政课"原始社会的解体和阶级社会的演进"与大学阶段"马克思主义基本原理"中"资本主义经济制度的产生",高中阶段的"社会历史主体"与大学阶段的"人民群众是历史的创造者"等都存在部分内容重复。实际上这一问题早在 2005 年时就很突出，虽经过"05方案"调整，但未完全得到解决。

四是大中小学思政课内容衔接不够，甚至出现倒挂现象。小学和初中的思政课主要关注对学生认知以及生理、心理，教材的编写也多侧重于此；高中政治课主要注重对知识的全面传授，在学段跨越的认知衔接和心理建设上稍显不足；大学思政课则更多的是从基础的原理知识入手，引导学生深入挖掘知识的理论渊源和生成背景。但思政课从高中到大学的转变过程中，对学生成长的关注不够，很多内容没有统筹衔接，一些重要概念和观点前后出场逻辑完全不同，甚至难度倒挂。例如，大学阶段"毛泽东思想和中国特色社会主义理论体系概论"中介绍全面依法治国基本方略的内容，对走中国特色社会主义法治道路应坚持的基本原则进行了说明，与高中阶段"政治与法治"内容有交叉重复，甚至部分表述深度和难度不如高中阶段。

要解决这一问题，必须推动思政课课程体系改革创新，进一步加强统筹设计，突出各学段、各门课的教学重点，避免简单重复影响学生学习效果。

三、思政课评价导向还需要进一步优化

一些地方和学校对于思政课的重要地位认识不到位，一些学校领导对思政教育不够熟悉、研究不深、缺乏信心，立德树人工程作为教育强国建设的首要地位还不稳固。一些教师对"入脑入心"这

一思政课根本评价标准认识不够深刻。专家调研发现，中央要求把思想性、理论性和亲和力、针对性统一起来，把"入脑入心"作为评价思政课教学效果的根本标准。但实际上"学科思维""学术思维""专业课思维"在思政课评价中仍很有影响力，有的教师片面追求教学的知识性、学理性，不注重理论联系实际，也不深入思考如何提高思政课的针对性和吸引力。

四、"大思政课"建设还需要进一步加强

一些地方和学校对"大思政课"建设的重视程度不够，开门办思政课、调动各种社会资源的意识和能力还不够强，课程教材体系还需要进一步完善，有的学校教师数量不足、质量不高，对实践教学重视不够，有的课堂教学与现实结合不紧密，大中小学思政课一体化建设亟须深化，有的学校第二课堂重活动轻引领，课程思政存在"硬融入""表面化"等现象。

解决存在的问题不足，要求我们紧扣新时代新征程教育使命，坚持思政课建设与党的创新理论武装同步推进，不断开创新时代思政教育新局面。加快构建以习近平新时代中国特色社会主义思想为核心内容的课程教材体系，推动党的创新理论最新成果入脑入心。充分发挥新时代伟大成就的教育激励作用，丰富思政课教学内容，讲好新时代故事，引导学生感悟党的创新理论的实践伟力。以"大思政课"拓展全面育人新格局，把思政小课堂和社会大课堂结合起来，推动学生更好了解国情民情，坚定理想信念。遵循教育规律，深入推进大中小学思想政治教育一体化建设，循序渐进、螺旋上升

设计课程目标，贴近学生思想、学习和生活实际，让学生爱听爱学、听懂学会。加强思政课教师队伍建设，健全突出教学优先的评价体系，完善教师地位和待遇保障机制。推动形成思政课建设的强大合力。

第二节 统筹推进大中小学思想政治教育和思政课一体化

习近平总书记在学校思想政治理论课教师座谈会上强调，"要把统筹推进大中小学思政课一体化建设作为一项重要工程""要针对不同学段，根据思想政治理论教育规律和学生成长规律科学设置具体教学目标，抓好教学目标设计、课程设置、教材编写、教学改革、教师培养、考核评价等环节，既不能揠苗助长、操之过急，又不能刻舟求剑、故步自封。课程设置要相对稳定，坚持大中小学纵向主线贯穿、循序渐进，各类课程横向结构合理、功能互补的原则，确保教材的政治性、科学性、时代性、可读性"①。党的二十大报告又专门指出，"推进大中小学思想政治教育一体化建设"②。这为我们进一步做好大中小学思政教育一体化工作提供了前进方向和根本遵循。

---

① 习近平. 思政课是落实立德树人根本任务的关键课程 [J]. 求是，2020（17）：16.

② 中国共产党第二十次全国代表大会文件汇编 [M]. 北京：人民出版社，2022：47.

一、当前推进大中小学思政课一体化存在的问题

一是管理上的条块分割。传统的分别管理体制形成了学段壁垒，造成了各学段思政课衔接困难。地方思政课一体化建设的规章制度缺失，在中央多个文件政策基础上，地方思政课一体化建设依据什么，如何进行一体化建设，如何进行教师培养，如何来检验一体化建设的效果等，目前都无章可循。例如，教育部基础教育司、职业教育与成人教育司、高等教育司分别按照学历层次纵向上对学校进行管理，而整个思政课建设是由社会科学司管理，同时教师队伍由教师工作司管理，教材建设由教材局管理等，管理上的区分也影响到评价上的区分。二是教材设计的趋同。中学教材和大学教材重复内容较多，大学教材没有明显的区分度和进阶性，导致大学生在听课时容易产生"疲态"。三是大中小学各自学段的不平衡。大学阶段解决较好的队伍建设问题，在中小学就成为突出问题，中小学专职思政课教师不足，还面临"配不齐"的问题。2021年上半年葫芦岛市一项调研显示，小学专职思政课412名教师中，专职82人，兼职330人，专职约占20%。来自思政专业的教师仅有4人，占比约1%。此外，思政课教师晋升评聘制度尚未拓展到中小学，待遇未得到保证，激励不足。四是内容缺乏整体性。思政课教材编写缺乏整体规划，不同学段教材内容重复。各学段的教学与教研"背靠背"，各管一段，各自为战，衔接不畅。内容的一体化是核心问题。大中小一体化最早提出就是由于内容上的重复，出发点是解决高中与大学衔接的问题。目前来看，小学初中衔接得较好，问题主要还是在高中

与大学的衔接。五是教师育人效果不佳，尤其是初高中，过于注重知识传授，忽视价值引导，关注学业成绩，即"考试指挥棒"，思政课亲和力、针对性、实效性不足。

这背后实际上也反映出一些深层次的问题：一是思想认识问题。思想认识不同步，政治站位不高，一些教师只着眼于自身所处学段，并不愿意面对问题，更不愿意花力气解决问题。二是办学思想的问题。突出表现在初中和高中，受中考、高考指挥棒影响，思政课的重要性没有得到很好体现。三是教师育人观教学观的问题。教师利用思政课铸魂育人、育德的意识不强。

二、进一步深化一体化改革创新

下一步，要把握好推进大中小学思想政治教育一体化建设的新理念新任务新要求，坚持目标导向、问题导向、效果导向相统一，遵循教育规律、克服顽瘴痼疾、形成工作系统，抓实重点领域和关键环节，进一步深化一体化改革创新，切实推动大中小学思政课课程贯通、教材联通、教学融通、队伍打通、资源互通，向改革创新要效果，坚持不懈用党的创新理论铸魂育人。

一是加强统筹谋划，建立健全一体化工作机制。不断强化一体化建设思维，加强整体谋划，进一步丰富拓展教育部大中小学思政课一体化建设指导委员会职能，推动省级教育部门建立健全一体化组织机构，进一步完善体制机制、加强统筹协调、提升工作合力、破解突出问题，推动大中小学思政课一体化改革创新。加强省级大中小学思政课一体化共同体建设，充分调动各地积极性，在省级层面打造一批理论与实践相结合的创新型、研究型工作平台。充分发挥高校马克思主义学院的辐射作用，建成推广一批高校与中小学思政课共建示范样板。整合共享部际资源，鼓励大中小学主动与453家"大思政课"实践教学基地对接，组织学生赴基地开展现场教学。持续健全工作机制，细化出台系列文件，为深入推动全国大中小学开展思政课教材、教师、教学等一体化理论研究和实践探索提供强有力保障。

二是聚焦核心课程，推动课程教材一体化建设。开好讲好核心课程，组织修订并推广使用《习近平新时代中国特色社会主义思想学生读本》，建立教材建设一体化监测反馈机制，推动教材内容螺旋上升。将习近平新时代中国特色社会主义思想、党的领导、"四史"等编写进课程教材指南，推动各学段实现有机衔接。一体化设计育人目标，贯彻立德树人关键课程要求，修订使用义务教育课程方案和小学、初中、高中、中职的课程标准，从根本上改变其"非主课"地位，加强学段纵向衔接和内容统筹。

三是提升能力素养，强化教师队伍一体化建设。贯彻落实《关于加强新时代中小学思想政治理论课教师队伍建设的意见》，引导各地积极配齐配强中小学思政课教师。围绕提升能力素养，不断完善培训体系，部省校三级联动，常态化开展"国培计划"、骨干教师研修、教学展示等，加强体验式现场培训。建立健全大中小学思政课教师"手拉手"工作机制，着力打造推动大中小学思政课一体化建设的关键力量。优化激励机制，支持思政课教师进修第二学历、在职攻读硕博士学位，评选全国模范教师、全国教书育人楷模、最美教师、国家级教学名师、国家级教学成果奖等向思政工作队伍适当倾斜。构建一体化研究攻关机制。增设中小学思政课研究专项，鼓励组建跨学段研究团队，为破解思政课教学难题提供智力支持。建强一批思政课一体化报纸、期刊，为一体化研究成果提供展示交流平台。完善思政课一体化集体备课机制，建立跨学段教师听课制度，组织跨学段教学展示、示范教学、同备一堂课等活动。

四是强化数字赋能，加快一体化平台资源建设。开发优质资源，加强思政教育资源建设，通过项目支持的方式，全力开发情理交融、覆盖大中小学全学段的思政"金课"。在国家智慧教育平台上线党史学习、爱国主义、思政课程等学习专区，开设北京冬奥精神等专题板块。推动高校思政课教师网络集体备课活动向中小学延伸，组织各学段教师联合开展思政课集体备课磨课，提升教研水平。打造网络思政课宣传云平台，建设集资源共享、在线互动、网络宣传等于一身的"云上大思政课"平台。建设部省校三级、大中小三学段相联动的思政课教研系统，共建共享学生思想动态和疑难问题解答资源库，征集推广思政课微视频、微故事等教学资源。

五是强化建设成效评价使用。完善考试招生制度，将思政课学习实践成绩纳入学生综合素质评价考核和评优评奖标准，作为入队、入团、入党的重要参考依据。将思政课教师参与一体化听课、交流、培训等活动作为绩效考核、职称评定、评奖评优等重要指标。将一体化建设纳入各地教育部门、各学校党组织领导班子考核和政治巡视，纳入学校党的建设工作考核、办学质量评估标准体系。

第三节　不断提高思政课教师的理论素养和教学能力

高校思政课教师的理论素养和教学能力是决定思政课课堂效果和学生获得感、认同度的关键因素。不断提高思政课教师的理论素养和教学能力是思政课改革创新的长期任务。

一、持续加强教师队伍配备

近年来，全国高校思政课教师数量增长很快，专兼职教师总数已突破 14.5 万人，专职教师也超过了 11 万人，专职教师比例比之前有了很大提高，教学"主力军"稳步壮大。[①] 同时"门槛"不断提高，大批地方党政领导干部、企事业单位负责人、社科理论界专家、各行业模范以及院士、专业课骨干教师担任思政课兼职教师，为提升思政课教学质量提供了有力支撑。未来思政课教师队伍建设还要把配齐作为基本要求加以落实。当前，教育部将"思政课专任教师与折合在校生比例≥1∶350"作为本科教育教学审核评估首项定量指标，将《高等学校思想政治理论课建设标准（2021 年）》整体纳入"双一流"建设评估。这一目标在部分高校尚未实现。要将思政课教师后备人才培养纳入"国家关键领域战略人才储备专项计划"，推广实施思政课教师岗位津贴制度，推动落实教师职称评聘"单列指标、单设标准、单独评审"，各类国家级高层次人才项目向

---

① 不负重托办好学校思想政治理论课 [N]. 人民日报，2024-03-18 (1).

思政课教师加大倾斜力度，促使岗位吸引力明显增强，思政课教师获得感和幸福感明显提升，队伍面貌焕然一新。通过成立省级高等学校思想政治理论课教学指导委员会、推广高校思政课特聘教授计划、举办高校思政课骨干教师研修班等一系列新举措新办法，逐渐补齐高校思政课的师资短板，不断壮大队伍规模，不断提高党员比例，不断优化年龄结构、职称结构、学历结构。

二、加强教师队伍管理

教师队伍管理的关键是师德师风建设。当前，各地各高校把学习宣传习近平总书记关于师德师风建设的重要论述、中央及教育部关于师德师风建设有关文件精神作为开展师德师风建设的一项重要工作予以落实，并建立了常态化工作机制。多数高校由党委教师工作部专门负责师德师风建设工作，成立师德建设委员会，统筹推进师德建设总体规划、制度建设和监督检查等各项工作，党委统一领导、党政齐抓共管、各单位协同配合的教师队伍建设工作格局基本形成。各地各高校把立德树人的要求贯穿教师思想政治教育工作的全过程，及时关注和掌握教师思想动态总体情况，持续丰富教师政治理论学习和思想政治教育内容，不断提高针对性和实效性。各高校逐步建立起教师管理、培训和考评常态化机制，把师德规范纳入教师从事教学科研工作的日常管理，融入评奖评优、职称评定、职务晋升、科研项目申报、研究生导师遴选等工作。严肃处理违反教师职业行为的涉事教师，对师德违规问题"零容忍"已成为常态。

思政课教师承担着立德树人的神圣使命，思政课教师队伍的师德师风建设尤为重要。一是要加强职前培养。考虑到硕士研究生、博士研究生将来从事思政课教师工作的可能性更大，建议非师范类院校在硕士研究生、博士研究生的教育培养中，除开展关于学术规范或学术道德的相关课程外，增加关于教师职业道德、学术道德的专题教育和与《中华人民共和国教师法》《教师资格条例》《最高人民法院 最高人民检察院 教育部关于落实从业禁止制度的意见》《教育部关于推开教职员工准入查询工作的通知》相关的内容，进一步强化研究生群体对教师职业的认识。二是健全教师招聘考察流程。"落实好师德师风第一标准"，首先要严把教师"入口关"。建议全国高校在教师资格准入和招聘考核工作中推行相对统一的教师职业心理测试和思想状况调查，多维度全方位考察应聘教师的心理状态和思想状况。加大招聘环节面谈力度，从教研组到院系再到学校逐级与应聘教师面谈，通过言谈举止对应聘教师有更为全面的了解。加强对应聘教师的调查，着重审查以往言行、作风及研究成果等，坚决防止"带病转岗"。三是强化正面激励引领。加强对新入职教师专门的师德师风培训，分阶段开展师德教育系列活动，倡导新老教师结对，不仅"扶上马"，还要"送一程"，助力新入职教师树立职业荣誉感、增强教书育人使命感。加强选树典型和宣传报道，强化师德师风正面激励引领。四是建立思想政治理论课专职教师任职资格制度。制定思想政治理论课教师任职资格标准，把政治立场作为教师聘用的首要标准，严把教师聘用政治关。建立新进教师宣誓和专任教师定期网络注册制度。严格教师管理，在事关政治原则、政治立场和政治方向上不能与党中央保持一致的，或理论素质、教学水平达不到相应课程要求的，不得继续担任思想政治理论课教师。①

三、锻造过硬教学能力

早在 1950 年，教育部门就曾举办全国高等学校暑期政治课教学讨论会②，共同讨论思想政治理论课面临的问题并提出对策，深入研究了当时思政课教师在思想上的一些错误认识和教学方法上的不足，共同讨论如何应对学生群体的思想困惑，对于把握教情学情具有重要意义。1951 年 7 月，由于教育部在暑期内有临时学习，无法组织全国各高等学校政治课讨论会，便要求各大行政区自行举办，而且对讨论会提出明确要求，"讨论会应以贯彻政治课的方针任务，交流教学经验，研讨教学内容与方法为主；其次是研讨教学组织上的一些问题并加以改进""关于教学组织，应加强集体教学充实和改善教学小组和教研组的工作，如有条件，可重点试行'习明纳尔'的教学方法"③。当前，思政课教师要把道理讲深讲透讲活，必须锻造过硬的教学能力。相关部门依托全国高校思政课教师研修基地、网络集体备课平台，以及"三集三提"教学组织机制等，逐渐形成了国家、省（区、市）、高校三级的培训体系。鼓励教师积极探索如案例

---

① 中共中央宣传部、教育部关于印发《普通高校思想政治理论课建设体系创新计划》的通知［M］//中华人民共和国学校思想政治理论课重要文献选编．北京：人民出版社，2022：1388．

② 教育部关于全国高等学校暑期政治课教学讨论会情况及下学期政治课应注意事项的通报［M］//中华人民共和国学校思想政治理论课重要文献选编．北京：人民出版社，2022：72．

③ 教育部对各大行政区分别召开暑期高等学校政治课讨论会的指示［M］//中华人民共和国学校思想政治理论课重要文献选编．北京：人民出版社，2022：109，110．

教学、情景教学、翻转教学、混合教学等思政课教学新模式新方法，形成了一批可复制可推广的理论教学与实践教学相结合的经验做法。国家社科基金、教育部人文社科项目单设思政课研究专项，高校思政课优秀中青年教师择优资助计划等也在持续实施，为思政课教师科研教学能力提升提供重要保障。

为加快壮大高校思政课教师后备人才队伍，教育部门自 2018 年开始实施"高校思政课教师队伍后备人才培养专项支持计划"。每年安排专门招收 500 名马克思主义理论专业博士研究生和 1000 名硕士研究生，由全国重点马克思主义学院所在高校和拥有马克思主义理论一级博士学位授权点的高校承担招生培养任务①，这一行动实施多年，为解决思政课教师数量不足问题、提升思政课教师能力素养发挥了重要作用。此外，还要高水平开展思政课教师示范培训，实施高校思政课教师社会实践专项工作，改革思政课教师评价机制，加大思政课教师激励力度，设立"高校思政课教师银龄工作室"，加强对全国高校"思政课名师工作室"的指导，择优资助一批思政课优秀青年教师。

第四节　借助数字化力量推动高校思政课创新发展

2016 年 12 月，习近平总书记在全国高校思想政治工作会议上强

---

① 教育部办公厅关于实施 2018 年"高校思想政治理论课教师队伍后备人才培养专项支持计划"的通知［M］//中华人民共和国学校思想政治理论课重要文献选编．北京：人民出版社，2022：1480.

调："要运用新媒体新技术使工作活起来，推动思想政治工作传统优势同信息技术高度融合，增强时代感和吸引力。"① 2024 年 5 月，习近平总书记对学校思政课建设做出重要指示强调，"新时代新征程上，思政课建设面临新形势新任务，必须有新气象新作为"，要求"守正创新推动思政课建设内涵式发展，不断提高思政课的针对性和吸引力"②。在教育数字化转型视域下，数字化已成为高校思想政治教育的最大变量。高校思政课要紧跟数字化发展浪潮，在全员全过程全方位育人中强化数字赋能，加快推进思政课数字化转型，切实增强高校思政课的时代感和吸引力，促进高校思政课创新发展。

一、用数字化力量推动高校思政课创新发展存在的问题

以网络作为思政教育的生长点，不仅是教育手段的与时俱进，更是高校思想政治理论课改革创新的生动写照。虽然大数据给高校思政课带来了较丰富的数字资源，但还存在一些问题。

（一）高校思政课数字化信息资源差异大、共享受限

一是数字化教学资源存在地域差异问题。由于各地区的经济发展状况不同，对各高校思政课建设的投入经费也各不相同。较为发达地区的一些高校拥有较为丰富的数字化教学资源，而相对欠发达地区的高校数字化资源就显得较为匮乏。虽然各种各样的资源共享

---

① 习近平在全国高校思想政治工作会议上强调 把思想政治工作贯穿教育教学全过程 开创我国高等教育事业发展新局面 [N]. 人民日报, 2016-12-09 (1).

② 习近平对学校思政课建设作出重要指示强调 不断开创新时代思政教育新局面 努力培养更多让党放心爱国奉献担当民族复兴重任的时代新人 [N]. 人民日报, 2024-05-12 (1).

平台不断涌现，但由于竞争因素和技术原因，优质的教学资源难以实现较好的共享。二是数字化教学资源存在质量问题。一些数字化资源平台背后缺少完整的、严格的监督监管机制，致使资源的质量存在差异。例如，内容不准确、更新不及时、形式不规范，分类检索不全等，严重影响高校思政课教师的备课效果和课堂教学质量。三是数字化教学资源内容存在虚假问题。一些违背社会主义核心价值观的虚假信息容易混迹其中，个别高校思政课教师缺乏数字素养和数字安全意识，难以甄别这些数字化资源平台提供的信息真伪，严重影响高校思政课的育人效果。调研发现，一些地区高校教师挖掘思政课教学特色资源的意识和能力还不够强，"新时代伟大变革"教学案例和生动素材还不足。一些教师反映，思政课"讲准"要求高，权威教学资源少，自主选用顾虑较多。"形势与政策"课教师普遍期望在明确教学要点的基础上，能够提供权威教材和配套课件。

（二）高校思政课教师的数字化教学理念相对落后

大数据、互联网等现代数字技术的深刻变革，给高校思政课带来了新的发展机遇和新的挑战。然而在现实中，高校思政课教师的数字教学理念、数字教学技术和数字教学资源普及存在较大的数字技术鸿沟，这对推动高校思政课创新发展造成了较大的阻碍。一是高校思政课教师在讲述抽象性、思想性和理论性较强的内容时，仍沿用过去的灌输式教学理念和教学方法，缺少数字化教学思维，降低了高校思政课的"抬头率"，导致教学效果大打折扣。二是高校思政课教师在运用数字技术赋能时，过度依赖技术手段，弱化了人本身的主体作用，在数字技术融入理论教学时，没有达到一个很好的耦合度，反而引发数字技术僭越、削弱高校思政课教学实效性。三是数字基础设施建设不足，学校或地区可能缺乏必要的数字基础设施支持，如高速网络、智慧平台等，一定程度上限制了思政课教师的数字化教学理念的发展。同时，思政课教师数字化教学理念的缺乏，导致数字化教学的交互性功能发挥不够，在促进师生互动方面存在不足，影响了教学质量和学生的学习体验。

（三）高校思政课教师的自身数字素养相对较弱

要推动高校思政课数字化转型新发展，高校思政课教师自身的数字素养是重要的决定性因素，高校思政课教师数字素养一旦缺失就容易引发数据安全、信息安全和政治安全等问题。一是部分高校思政课教师对数字技术的流畅度和掌控能力不强，容易降低数字教学的精准度。高校思政课教师过去更多是以书本为主要教学工具，对数字化工具的应用和掌控能力存在明显不足，这种情况下容易出现"数字乏力"和"数字恐慌"，出现对数据的简单拼凑和盲目照搬状况，从而导致数据安全问题的出现。二是部分高校思政课教师对数字技术的清晰度和驾驭能力不足，容易降低数字教学的能动性。高校思政课教师在这种"数字乏力"和"数字恐慌"中，自身数字素养不够，缺少人的主观能动性和对数字技术的驾驭能力，致使高校思政课"数字化转型"表里不一，或过度依赖数字技术提供的数据信息，从而导致信息安全问题的出现。三是部分高校思政课教师对数字技术的透明度和辨析能力不够，容易削弱思政课的价值引领力。思政课是高校意识形态"主阵地"，部分高校思政课教师在接触或者学习数字化技能运用时，缺乏对数字技术的掌控能力和驾驭能力，容易出现技术依赖、技术崇拜、技术至上的数字意识问题，导致"技术主导""价值迷失"现象出现，给高校思政课的主流意识形态传播带来分化、消解的潜在风险。

二、用数字化力量推动高校思政课创新发展的方法路径

下一步，思政课要增强 AI、大数据技术在教学过程中的应用，破解思政课线上教学资源缺乏感染力、吸引力的问题，不断丰富线上教学资源的内容和形式，保障线上教学资源的高质量供给和充分使用。

（一）加大高校思政课数字资源平台建设，为权威性提供保障

首先，必须善用数字资源，确保正确的价值导向引领。习近平总书记在党的二十大报告中指出："用党的创新理论武装全党是党的思想建设的根本任务。"① 高校思政课建设关系到如何解决好培养什么人、怎样培养人、为谁培养人这个根本问题，数字技术的应用必须坚持以习近平新时代中国特色社会主义思想为指导，全面贯彻党的教育方针，服务于立德树人的根本任务。

其次，必须共享数字资源，打破教学资源的时空限制。"大思政课"之所以"大"，在于其蕴含着丰富的教学资源。要实现高校思政课创新发展，必须实现内部优质资源的共享。让各地院校联合建立的实践教学基地、高校思政课虚拟教研室、高校 VR 思政实训室、

---

① 习近平. 高举中国特色社会主义伟大旗帜 为全面建设社会主义现代化国家而团结奋斗：在中国共产党第二十次全国代表大会上的报告［N］. 人民日报，2022-10-16（1）.

思政课虚拟仿真教学中心、党建思政虚拟仿真研创体验中心等同频共振，互联互通。这些教学数字资源平台通过综合运用大数据、虚拟现实等最前沿的科学技术，将三维虚拟仿真技术引入思政课实践教学，实现交互式、全景式、沉浸式教学环境，使红色教育更加直观、生动、深刻和震撼，学生可以足不出户体验各种革命圣地，达到实地参观爱国主义教育基地的效果，更好地将理论与实际相结合，真正意义上实现高校思想政治理论课实践教学的目的。这样做不仅提高了高校思政课资源的利用率和配置率，更大意义上还推动了高校思政课优质数字资源的共建共享。2014 年 9 月，清华大学将 4 门本科思政课放到在线课程平台上，选课人数迅速接近 5 万人。教育部从 2017 年起组织实施"大学生讲思政课""思政课微电影""大学生理论学习夏令营"三个主题活动，围绕思政课教学内容，通过教师指导学生亲自讲、动手做、体验学，深化对习近平新时代中国特色社会主义思想的理解和认同。七年来累计有 2000 多所高校 1.5万余个思政课学习团队参加各类主题教育，开发的 2 万余个思政课理论小视频在 B 站点击量超过 1200 万次、点赞量达 81.5 万，辐射带动数百万大学生受到教育。

再次，必须优化数字资源，实现数字资源的权威保障。针对高校思政课教师的多样化需求，必须优化高校思政课数字资源整合，积极搭建板块多样、检索快捷、数据精准和文献权威的多功能数字化教学资源检索平台，为高校思政课教师在教育教学中提供最新最权威的数字资源平台，提高他们的备课效率和教学质量。全面统筹推进国家智慧教育公共服务平台、全国高校思想政治理论课教师网络集体备课平台、数字马院等建设，为高校思政课教学提供效能高、信息准、资源全、权威强的跨越时空的网络数字化教学平台，进而聚合起更高质量、更体系化、更多类型的高校思政课数字教育教学资源。

（二）加强网络数据运用，精准推进高校思政课建设

2023 年 5 月，习近平总书记主持中共中央政治局第五次集体学习时强调，"教育数字化是我国开辟教育发展新赛道和塑造教育发展新优势的重要突破口"①。提升思想政治教育亲和力和针对性，必须向改革创新要活力。当前，新一代科技革命和产业变革加快演进，以 5G 为代表的信息技术实现了万物共联、数据共享，运用好数字技术是精准推进高校思政课系统化建设的重要抓手。

一是建设全国高校思政课教研系统，推动高校思政课系统化建设。习近平总书记强调，思政课要"以透彻的学理分析回应学生，以彻底的思想理论说服学生，用真理的强大力量引导学生"②。落实这一重要指示精神，我们需要善用数字化技术聚合教学素材和资源，打造全方位、立体化的教学资源库，进一步丰富思政课教学内容，建设融"全国高校思政课教师网络集体备课平台"网络支持系统、"青梨派"大学生自主学习系统、高校思政课教学创新中心资源开发系统、高校思政课教学指导委员会指导审核评估系统、高校思政课教师基础数据系统、高校思政课教师研修培训系统等为一体，共建

---

① 习近平在中共中央政治局第五次集体学习时强调 加快建设教育强国 为中华民族伟大复兴提供有力支撑 [N]. 人民日报，2023-05-30（1）.

② 习近平. 思政课是落实立德树人根本任务的关键课程 [J]. 求是，2020（17）：12.

共享、系统集成、全面覆盖的全国高校思政课教研系统，不定期编发教学活页，建设权威的微信公众号，组织高校马克思主义学院微信公众号联盟，不断丰富思政课教学资源，为高校思政课系统化建设共画一个"同心圆"。

二是运用全国高校思政课教研系统，提升高校思政课的精准度。要打造以数字化技术为高精度，针对性强的技术手段来管理运维的全方位多功能数字化系统，以大数据为基础，充分发挥在知识与信息方面突出的赋能优势。高校思政课教师可以运用该系统中的人工智能技术对授课学生的相关数据进行收集和分析，在快速而全面掌握学情的基础上，对授课学生的身心状态及其网络状态进行精准的数据分析，从而为高校思政课教师精准掌握学生的行为偏好、专业学习基础和学生的成长轨迹提供重要参考。打造可以通过数字技术持续吸纳大学生的学情信息并结合大学生在互联网中的活动轨迹运用学习算法进行建模的系统，更加准确和高效地掌握大学生在开展思政课深度学习方面的实际需求，不断提升高校思政课的教学内容精准度与供给针对性，为高校思政课系统化建设共铺一条"高速路"。

三是运用全国高校思政课教研系统，全面实现主客体的良好互动。在该系统中高校思政课教师不仅可以有针对性地查阅相关授课内容的权威数字化资源，也可以通过该系统检索到一些关于授课内容的辅助资源，提升高校思政课教师的备课效率。与此同时，高校思政课教师还可以通过该系统中的 VR/AR 技术来搭建虚拟仿真课堂，让高校思政课教师身临其境地体验该虚拟课堂的教学效果，为实际授课提供一个预判，极大地提高实际授课效果，实现老师和学生"跨时空的对话"。例如，清华大学马克思主义学院"思想道德与法治"虚拟仿真实验课等，都可以通过该系统中的虚拟仿真技术来实现，带领学生沿着革命的红色轨迹与历史人物跨时空对话，深度体验历史场景，让学生充分感受"体验式"和"沉浸式"课堂的乐趣，让高校思想政治教育内嵌于大学生成长的整个过程，也为高校思政课教育教学活动建构更加宽广的教学时空，为高校思政课系统化建设共搭一座"连心桥"。

（三）提升高校思政课教师的数字素养，助推高校思政课建设现代化

推动高校思想政治理论课高质量创新发展，实现高校思政课建设现代化，数据支撑和权威资源是首要前提，关键在于提升高校思政课教师的数字素养。

一是激发高校思政课教师的数字化意识。数字化时代的加速演进，网络空间已经成为青年学生学习生活的主要环境，高校思政课教学内容不可避免地逐渐数字化。因此，高校思政课教师在融入数字化时代的同时，也需要不断地涵养数字化意识。高校思政课教师要具有高度的思想站位，始终坚持党的领导，坚定"四个意识"，做到"两个维护"，牢记"三为""六要""八统一"，不断提升自身的政治责任感和育人使命感。高校思政课要做好育人工作。高校思想政治理论课的本质是讲道理，道理讲得通，学生才能信服。这就要求高校思政课教师在运用数字技术时，从学生的特点出发，在把握教材的同时，又能用学生喜闻乐见的方式，把道理讲深、讲透、讲

活。高校应根据学校情况、教师专业能力、教师发展现状、专业数字化转型需求等，探索适合教师情况的精准化数字素养培训模式，围绕不同主题构建数字技术与专业学科融合的培训体系，创设在教学中应用数字技术的培训场景，引导高校思政课教师根据自身教学需求选择合适的数字化软硬件。

二是提升高校思政课教师驾驭数字技术的能力。面对带有"数字基因"的青年一代，高校思政课教师要积极跟上数字化时代发展，主动挺进数字阵地，让思想政治教育占领网络育人主空间。助推高校构建系统的数字技术培训体系，定期组织思政课教师参加各类数字技术应用的培训课程、参与数字技术相关的学术交流活动，拓宽视野，激发创新思维。助推高校建立完善的激励机制和评估机制，鼓励思政课教师在教学中积极运用数字技术，提高教学质量和效果。对于在数字技术应用方面表现突出的教师，应给予表彰和奖励，以激发更多思政教师的参与热情。助推高校加强与企业的合作，引入先进的数字技术资源和平台，为思政课教师提供更加丰富的教学工具和素材。通过校企合作，教师可以更好地了解行业前沿技术，将最新的数字技术应用到思政课教学中，使课程内容更加贴近实际，提高学生的兴趣和参与度。

三是培养高校思政课教师科技伦理意识、加强数字伦理教育、强化数字伦理道德的社会责任感。高校应建立高校思政课教师数字评价考核体系和反馈机制，完善过程性、多视角、多维度的评价机制，实现以评促改，以评促建，以评促教，使科技伦理意识成为新时代高校思政课教师队伍必备的能力。高校要在完善科技伦理教育体系、强化科技伦理治理制度保障、加强科技伦理日常管理等方面积极主动作为。推动高校定期举办科技伦理培训和研讨会，邀请行业专家进行指导和交流，帮助思政课教师了解基本的科技伦理知识。推动高校制定相应的科技伦理治理措施。对思政课教师的科技伦理教育进行全过程、全方位、多角度的监管把控，极大程度防患科技伦理风险问题的出现。推动高校建立科学的科技伦理评价体系，将科技伦理教育作为教师绩效考核和师德师风考核的重要考核指标之一。通过定期的评价和反馈，帮助思政课教师了解自身不足，从而有针对性地进行改进和提升。

数字技术为高校思想政治理论课注入了新的活力，赋予了高校思想政治教育更高的使命和更多的可能性。在新时代新背景下，高校思想政治理论课要善用数字技术，多渠道、多角度、多维度、多方面地整合网络数字资源，积极搭建权威数据平台，提供权威数据资源保障，共画一个"同心圆"，共铺一条"高速路"，共搭一座"连心桥"，进而实现高校思想政治理论课的高质量创新发展。

结　语

　　如果从我们党自新民主主义革命时期在红军大学、苏维埃大学、抗日军政大学、陕北公学等高校开设"党的建设""中国革命史"等课程算起，思想政治理论课已经走过了百年道路，影响了千万名思政人、领导干部和青年学生的理想信念和人生选择。在不同历史时期，思政课的内容、形式、载体都根据形势和环境变化而不断改革创新，在创新中又有坚守，这些坚守体现了党对思政课建设规律的深刻认识和把握。正是由于坚守这些规律，思政课才能在改革创新中始终坚持正确方向，才能始终成为建设者和接班人培养的重要保障。思政课是落实立德树人根本任务的关键课程，这是对思政课定位的最准确概括，也是对思政课使命的最深刻描述。

　　指导思想是行动指南，是事业朝着正确方向发展的根本保证。教育方针是党的指导思想在教育领域的具体体现，思政课的每一步发展都离不开党的教育方针指导。这就要求高校思政课改革创新必须坚持在党的指导思想下，与党的创新理论武装同步推进。特别是中国特色社会主义进入新时代以来，以习近平同志为主要代表的中国共产党人，创立了习近平新时代中国特色社会主义思想，既是当代中国马克思主义、21 世纪马克思主义，也是党治国理政的指导思想，更是高校思政课建设的根本遵循。面对新形势新任务，思政课建设必须始终坚持以习近平新时代中国特色社会主义思想铸魂育人这个主题主线，深化问题导向，把握内在规律，努力构建以习近平新时代中国特色社会主义思想为核心内容的课程体系、教材体系、学科体系，在新的起点上实现更高质量的发展。

政策是国家、政党或者其他管理机构在一定历史时期为实现一定目标所制定的具体行动纲领、方针和准则。思政课政策是党和国家为加强思政课建设、实现思政课育人目标而制定的纲领和原则，而思政课的政策环境不仅包含了政策本身，更包含了政策的执行度、执行效率和执行效果等方面。思政课建设是一项政治性、政策性很强的工作，思政课改革创新从根本上受到党和国家政策的影响。高校思政课改革创新的持续发展离不开完善的政策环境保障，无论是工作定位创新、课程体系创新、思政课教师队伍建设创新，还是激发广大教师认真讲好思想政治理论课的积极性、主动性、创造性，都需要强大的政策支持。完善的思政课政策环境保障，不仅要有科学的制度体系、管理模式，更要有强大的执行力和持之以恒的精神。

思政课改革创新首先需要解放思想，在观念认识上来一场自我革新，从而为事业发展指明方向、提供动力。党的十八大以来，高校思政课建设工作大胆创新，牢固坚持问题导向，确立了新的目标：以习近平新时代中国特色社会主义思想为指导，整体推进教材、教师、教学等方面综合改革创新，编写充分反映马克思主义中国化最新成果、教师好用学生爱读的系列教材，建设一支对马克思主义理论真学、真懂、真信、真用的教师队伍，培育推广理论联系实际、富有吸引力感染力的多种教学方法，重点建设一批教学科研皆强的马克思主义学院，逐步构建重点突出、载体丰富、协同创新的思想政治理论课建设体系。这就要求思政课创新工作思路和举措，从推进大中小学思政课一体化建设、思政课程与课程思政协同推进、思政课小课堂同社会大课堂相互结合等方面全面推进，不断改进思想政治理论课教学效果，努力把思想政治理论课建设成为学生真心喜爱、终身受益、毕生难忘的优秀课程。

高校思政课改革创新既需要顶层设计，也需要优化工作格局、加大精准施策力度。针对思政课建设面临的困难和挑战，教育部围绕思政课教师队伍建设、教学内容和资源供给、教学技术革新与应用等方面，开展了一系列机构平台建设，强力推动思政课改革创新。其中，比较典型的是全国高校马克思主义学院建设、思政课教师指导培训研修平台与机制建设、思政课数字化资源共享平台建设等机构平台的建设。加强这些机构平台建设是深化马克思主义理论研究和建设的重要举措，是培养担当民族复兴大任时代新人的内在要求。

从育人成效来看，党的十八大以来，思政课课程体系和教材建设进一步规范，教师队伍综合素质不断提高，课堂秩序和教学效果明显改善，大学生学习兴趣和满意程度得到提升，思想政治理论课建设的良好局面已经形成，为加强和改进大学生思想政治教育，维护高校改革发展稳定大局做出了重要贡献。

中国特色社会主义进入新时代，思政课建设各项部署加快推进，发展环境和整体生态发生全局性、根本性转变，思政课改革创新取得巨大成效。但面对新时代新征程的新形势新任务，思政课还必须有新气象新作为，要紧扣新时代新征程的教育使命，坚持思政课建设与党的创新理论武装同步推进，不断开创新时代思政教育新局面。

参考文献

［1］中共中央马克思恩格斯列宁斯大林著作编译局．马克思恩格斯选集：第1~4卷［M］．北京：人民出版社，2012.

［2］中共中央马克思恩格斯列宁斯大林著作编译局．列宁选集：第1~4卷［M］．北京：人民出版社，2012.

［3］中共中央马克思恩格斯列宁斯大林著作编译局．列宁全集：第36卷［M］．北京：人民出版社，1959.

［4］毛泽东选集：第一~四卷［M］．北京：人民出版社，1991.

［5］中共中央文献研究室．毛泽东文集：第1~8卷［M］．北京：人民出版社，1999.

［6］邓小平文选：第一、二卷［M］．北京：人民出版社，1994.

［7］邓小平文选：第三卷［M］．北京：人民出版社，1993.

［8］江泽民文选：第一~三卷［M］．北京：人民出版社，2006.

［9］胡锦涛文选：第一~三卷［M］．北京：人民出版社，2016.

［10］习近平．习近平谈治国理政：第一卷［M］．北京：外文出版社，2018.

［11］习近平．习近平谈治国理政：第二卷［M］．北京：外文出版社，2017.

［12］习近平．习近平谈治国理政：第三卷［M］．北京：外文出版社，2020.

［13］习近平．习近平谈治国理政：第四卷［M］．北京：外文出版社，2022.

［14］习近平．论教育［M］．北京：中央文献出版社，2024.

［15］人民日报评论部．习近平用典［M］．北京：人民日报出版社，2015.

［16］党的十八大报告辅导读本［M］．北京：人民出版社，2012.

［17］党的十九大报告辅导读本［M］．北京：人民出版社，2017.

［18］党的二十大报告辅导读本［M］．北京：人民出版社，2022.

［19］中共中央宣传部．习近平总书记系列重要讲话读本（2016年版）［M］．北京：学习出版社，2016.

［20］中共中央文献研究室．邓小平同志论教育［M］．北京：人民教育出版社，1990.

［21］中共中央政策研究室．江泽民论社会主义精神文明建设［M］．北京：中央文献出版社，1999.

［22］中共中央文献研究室．十二大以来重要文献选编：上、中［M］．北京：人民出版社，1986.

[23] 中共中央文献研究室．十二大以来重要文献选编：下 [M]．北京：人民出版社，1988.

[24] 中共中央文献研究室．十四大以来重要文献选编：上 [M]．北京：人民出版社，1996.

[25] 中共中央文献研究室．十四大以来重要文献选编：中 [M]．北京：人民出版社，1997.

[26] 中共中央文献研究室．十四大以来重要文献选编：下 [M]．北京：人民出版社，1999.

[27] 中共中央文献研究室．十五大以来重要文献选编：上 [M]．北京：人民出版社，2000.

[28] 中共中央文献研究室．十五大以来重要文献选编：中 [M]．北京：人民出版社，2001.

[29] 中共中央文献研究室．十五大以来重要文献选编：下 [M]．北京：人民出版社，2003.

[30] 中共中央文献研究室．十八大以来重要文献选编：上 [M]．北京：中央文献出版社，2014.

[31] 中共中央文献研究室．十八大以来重要文献选编：中 [M]．北京：中央文献出版社，2016.

[32] 中共中央党史和文献研究室．十八大以来重要文献选编：下 [M]．北京：中央文献出版社，2018.

[33] 中共中央文献研究室．建国以来重要文献选编：第 19 册 [M]．北京：中央文献出版社，2011.

[34] 关于培育和践行社会主义核心价值观的意见 [M]．北京：

人民出版社，2013.

　　［35］中华人民共和国学校思想政治理论课重要文献选编［M］.
北京：人民出版社，2022.

　　［36］教育部社会科学司. 普通高校思想政治理论课文献选编
（1949—2008）［M］. 北京：中国人民大学出版社，2008.

　　［37］教育部思想政治工作司. 加强和改进大学生思想政治教育
重要文献选编（1978—2014）［M］. 北京：知识产权出版社，2015.

　　［38］中共中央党史和文献研究院. 习近平关于依规治党论述摘
编［M］. 北京：中央文献出版社，2022.

　　［39］何东昌. 中华人民共和国重要教育文献（1949—1975）
［M］. 海口：海南出版社，1998.

　　［40］顾海良. 高校思想政治理论课程建设研究［M］. 北京：
经济科学出版社，2009.

　　［41］骆郁廷. 高校思想政治理论课程论［M］. 武汉：武汉大
学出版社，2006.

后 记

　　如果从 2011 年进入教育部工作算起，我从事思想政治教育研究和管理相关的工作已经有 14 个年头了。最初主要从事党的建设和思想政治教育研究，后来又主要关注高校思政课发展，既是工作需要，也是个人研究兴趣。高校思政课建设搭上了新时代的"高速列车"，发展环境和整体生态实现了全局性、根本性转变，作为一名从事相关工作的研究者和管理者，感到生逢其时、倍感荣幸。或许是长期接受历史学训练的缘故，在近年从事思政课建设相关工作过程中，每逢遇到困难和问题，我总是愿意从历史溯源，思考这一问题在过去是否出现过，当时是如何看待和解决的，当下又有什么不同。在这样的思维模式下，我发现思政课建设的很多问题都并非当下独有的，例如，大中小一体化问题、课堂效果问题、教师素养问题在历史上是长期存在的，有些甚至是贯穿始终的。也发现很多问题是在当下有新表现的，例如，如何应对网络新技术冲击、如何解释复杂的国际局势、如何疏导学生日益增加的压力和焦虑等。思政课建设也正是在面对各种变与不变中，逐步实现了守正创新、改革创新的。

当前，高校思政课建设取得了巨大成就，但面对新时代的新形势新要求，还需要有新作为新气象，还需要所有思政课教师和相关管理者共同努力。在这个过程中，对既往工作的不断梳理，对工作规律的不断总结，对理论问题的不断探索，是提升工作质量和效果的重要途径，本书在这些方面做了一些努力，但还远远不够。

由于能力和水平有限，书中难免出现疏漏和讹误，敬请批评指正。